地方議会改革の10年

著 寺島　渉

自治体研究社

はじめに

北海道の栗山町議会が、地方議会で初めて議会のあり方を住民に宣言した「議会基本条例」を２００６年５月に制定し、議会改革の扉を開いてくれました。わたしもこの条例にはじめて目を通した時、その画期的な内容に地方議会人として新鮮な感動を覚え、議会改革への決意を新たにしました。長野県上水内《かみみのち》郡《ぐん》飯綱町《いいづなまち》は、旧牟礼《むれ》村と旧三水《さみず》村の合併により２００５年10月に発足、人口規模は約１万３１００人でした。その直後の06年に旧牟礼村のスキー場経営を中心とした第三セクター（以下、三セク）が突然、経営破綻し、新町は重大事態に直面しました。旧牟礼村は、観光事業の中心施設として、長い間経営改善の名目で財政支援を続けていました。経営破綻により旧牟礼村と損失補償契約を結んでいた県内の金融機関から裁判を起こされ全面敗訴、新町は三セクに代って二つの金融機関に約８億円を返済することになり、町行政、議会の大問題となりました。

当時の町行政が開催したこの問題での町民説明会には大勢の町民の参加があり、町長・助役（当時）らへのきびしい批判、糾弾とともに「議会は何をしてきたのか、首長の提案を追認してきただけではないのか」「議決責任、住民への説明責任の自覚があるのか」など、議会と議員に対するきびしい批判が寄せられました。この事態に直面し、わたしは当時の議員たちに、これまでの議会と議員活動の反省の上に、議会改革による新しい町議会づくりの必要性を訴え、飯綱町の議会改革は２００８年１月にスタート、今日に至っています。

「住民自治の根幹」としての新しい地方議会

「地方分権一括法」（１９９９年）により、中央集権型行政システムの象徴であった機関委任事務が廃止され、市町村のいずれの事務（自治事務と法定受託事務）にも議会の権限がおよぶこととなりました。市町村は、市町村のあり方、運営を自主的、主体的に決定し実行でき、その個性、特性を活かした特色のある地域づくりが可能となりました。しかし、地方への権限移譲に伴う国からの財源確保は不十分であり、自治権の完全な保障にはなっていません。

その後、地方分権改革の流れの中で、地方議会に係る地方自治法の一部改正も数次行われてきており、議会の機能強化と自由度の拡大が進んでいます。

中央集権下でのかつての地方自治は、首長の権限が強く、執行機関が優先され、議会は、追随、協賛という脇役でした。しかし今日、主権者である住民を代表する地方議会は、「住民自治の根幹」として自治を担う主役であり、その役割と責任はますます重要となっています。住民福祉の向上をはじめ、特徴ある地域経営を発展させるために、議会がその活動をより充実させ、住民の負担に応えていくことが期待されています。そのためにも住民に信頼される新しい地方議会づくりを目指して、議会改革に取り組む決意と実践力、突破力が、地方議会人に求められています。

崖っぷちの地方議会も

ここ十数年の間に地方分権改革の推進も追い風となり、約８００の地方議会で「議会基本条例」が制定されるなど地方議会改革は、それぞれの議会の多様な取り組みにより前進しています。単なる監視・批判機能としての役割から、政策提言や議員提案条例、住民参加型議会をめざす先進的市町村議会が全国各地に出現するようになり、地方議会は、現在第2期目の実質的改革期を迎えていると言われています。

しかしその一方で、全国町村議会議長会のアンケート調査結果や議会情報誌、マスコミ報道等によると、依然として首長の追認機関から脱け出せずに、本来の議会機能を発揮できないでいる、いわば古い体質の地方議会も少なくないようです。

わたしは議長時代に、全国の１７６市町村議会１５２４人の研修視察を受け入れ、また議員退職後は、各種議員研修会の講師として全国各地で議会改革をめぐる諸問題について議員の方々と議論を重ねてきました。そこで実感したことは、議員の意識改革のむずかしさ、議長は名誉職という固定観念から議長のリーダーシップが問われない議会、会派性が議会改革の政治的障害となっていて打開できない議会、議会への住民参加という問題意識の希薄な議会、追認機関という現状に安住している議会、等々の問題をかかえている議会が多数存在していることでした。

また、政務活動費の不正使用、海外等への不要視察、「カラ出張」、議長の汚職事件などが全国各地で毎年のように発生しており、メディアで広く報道される度に地方議会と議員の信用失墜となっています。議会人への住民不信や行革論理から定数や報酬を削減し、住民代表機能を低下させている議会もあります。

このような議会では、議会の役割の後退が議会と議員の存在感と魅力を失わせ、議員のなり手不足に拍車をかける悪循環に陥っています。いわば〝崖っぷちの議会〟と言わざるを得ません。冷静な自己分析と議会改革への強い意思表明が求められています。

議会改革を点から面へ

議会改革を全国の県市町村議会へ広げていくためには、個々の議会の独自の努力とともに議会・議員同士の学び合いと経験交流による連携した取り組みが重要です。議会改革実践で前進する議会を点から面に広げ、都道府県の市町村議会の中で多数派になることで、地方政治を議会から変えていくことが可能になります。飯綱町議会は、２０１６年7月に県下の町村議会に呼びかけ第一回「地方議会改革シンポジウムin長野」を開催、16議会から１６５人の議員、事務局職員の参加がありました。以来、事務局を軽井沢町議会、宮田村議会へと移し、四回開催しました。これまでに、「議員のなり手不足問題」「女性が活躍できる議会とは」「政策提言のあり方」などのテーマを基本にしながら地方議会をめぐって幅広い議論を重ねてきました。毎回、江藤俊昭教授（山梨学院大学）、千葉茂明編集長（月刊『ガバナンス』）の参加を得て貴重な助言をいただいています。参加者からは「他町村の活動がわかり、大変良い研修会になりました」「テーマを決めて議論を深めるシンポとして、今後も継続をお願いしたい」「議会改革について互いに刺激し合える企画、運営であった、もっと多くの議会の参加を」「議会改革に取り組んでいる議会には共通の悩みがあることがわかった」など大変好評でした。都道府県の町村議会議長会や市議会議長会が、積極的イニシアチブを発揮し、このようなシンポジウムを全国に広げていってほしいと願っています。

地方議会改革の10年◎目次

本書に掲載した画像の内、とくに断りのないものは飯綱町役場議会事務局の提供です。

2018（平成 30）年度　飯綱町議会の概要

飯綱町
人口 1 万 1271 人
世帯数 4189 世帯
2018 年 4 月 1 日現在

①議会議員の任期

2017（平成 29）年 10 月 30 日～2021（平成 33）年 10 月 29 日

②議長及び副議長の任期

議員の任期による（ただし、議員の申し合わせにより 2 年）

③議員定数　条例定数 15 名

＊年齢別議員数（2018 年 3 月 31 日現在）

40～49 歳＝1 名、50～59 歳＝1 名、60～69 歳＝5 名、70 歳以上＝8 名

＊平均年齢 66.1 歳

④党派別議員数（2018 年 3 月 31 日現在）

無所属＝12 名、日本共産党＝2 名、公明党＝1 名

⑤定例会・臨時会（2017 年 4 月 1 日～2018 年 3 月 31 日）

	会期日数	本会議日数	休会日数	一般傍聴者数
6 月定例会	19	4	15	12
9 月定例会	21	5	16	55
12 月定例会	18	4	14	12
3 月定例会	22	5	17	24
小　計	80	18	62	103
臨時会（5 回）	5	5	0	6
年度計	85	23	62	109

出所：飯綱町ウェブサイトより作成。

第1章

「議会改革」実践の10年

飯綱町議会の挑戦

飯綱町（飯綱町観光協会提供）

1　合併で旧町村人口は激減、「平成の大合併」検証を

「平成の大合併」で、全国の町村数は２５４３（２００２年）から９３０（２０１３年）へ１６０４町村が消滅し、これに伴い町村議会と議員は大幅に減少しました。結果、地方自治の空白地域が全国的に大きく広がりました。５割以上の自治体が消滅した県が26、そのうち長崎県、広島県、新潟県、愛媛県は７割の自治体が消滅しています。村が１かゼロの県が25府県と半数を超えています。

人口減少・少子高齢化と「平成の大合併」が重なったことで、地域社会ではいま歴史的転換が起きています。そこで地方自治と地方議会改革をめぐる諸問題を論じる前に、この「平成の大合併」とは住民にとって何であったのか、地方自治の現場からの若干の検討からはじめたいと思います。

市と合併した旧町村部人口は１割減少

「平成の大合併」で長野県下の市町村は１２０から77に再編され43町村が消滅。地元メディアの調査などによると、市と合併した旧町村部の人口減少率がこの10年間で10・４％に達し、県全体の減少率４・８％の倍以上となっています。筆者の人口減少率調べ（表１）によると、長野市の旧鬼無里《きなさ》村で

表1　長野県長野市、飯田市の旧町村別人口の推移

地　域	国勢調査人口（人）				2000年から2015年の増減率（%）
	2000年	2005年	2010年	2015年	
長野市	387,911	386,572	381,511	377,598	−2.7%
旧長野市に相当する地域	360,112	360,657	357,696	356,085	−1.1%
旧大岡村に相当する地域	1,544	1,389	1,154	960	−37.8%
旧信州新町に相当する地域	6,093	5,535	4,892	4,135	−32.1%
旧豊野町に相当する地域	10,005	10,016	9,825	9,609	−4.0%
旧戸隠村に相当する地域	4,938	4,467	3,986	3,499	−29.1%
旧鬼無里村に相当する地域	2,333	1,983	1,700	1,393	−40.3%
旧中条村に相当する地域	2,886	2,525	2,258	1,917	−33.6%
飯田市	110,589	108,624	105,335	101,581	−8.1%
旧飯田市に相当する地域	107,381	105,863	103,063	99,693	−7.2%
旧上村に相当する地域	838	668	507	413	−50.7%
旧南信濃村に相当する地域	2,370	2,093	1,765	1,475	−37.8%

注：豊野町、戸隠村、鬼無里村、大岡村は2005年1月1日に長野市と合併。信州新町、中条村は2010年1月1日に長野市と合併。上村、南信濃村は2005年10月1日に飯田市と合併。
出所：各年の国勢調査データから筆者作成。

40・3％、同旧大岡村で37・8％、飯田市の旧上《かみ》村は50・7％、同旧南信濃村は37・8％の減少となっています。一方で15年間の長野市の旧市域の減少率は1・1％、飯田市の旧市域は7・2％にとどまっており、旧町村部人口の減少は顕著です。旧町村部は、中山間地が多く高齢化率も高いというもともとの条件に加え、合併後に住民が市中心部へ移り住む傾向、町村役場が市の支所となり職員の移動なども影響していると思われます。

旧町村の独自の住民サービス切り捨て

合併前の旧町村では、地方自治体として住民福祉の増進をはじめ独自の各種住民サービス制度を充実させること

で住民の暮らしを支えていました。しかし合併後は市基準に統一され、かつての住民サービス事業の多くは切り捨てられています。

長野市に合併後、世帯数と人口の減少がとくに著しい旧大岡村では、かつて定住促進策であった保育料の減免・通園交通費免除・高校通学費補助・健保本人1割負担などの独自の住民サービス制度が廃止されました。バス4路線は3路線が廃止、福祉タクシーに変わっています。公的施設は、廃止・減少、指定管理、民間貸与などに変化、新たに使用料も発生しています。

豪雪の観光地である旧戸隠村では、集落の末端まで行き届いた除雪が冬の住民生活を支えていましたが、夜間の除雪はなくなりました。旧鬼無里村では、長野市内で運営していた高校生の寄宿舎が廃止になりました。他の旧町村地区でも住民サービスの切り捨てが起きていると思われます。

また、旧町村地区の共通の問題として、少子高齢化と人口減に伴う集落の維持・存続、担い手不足による山林・農地の荒廃、買い物と公共交通、空き家など深刻化しており、実態把握と施策の全面的見直し、新たな支援策が急務となっています。

住民自治協議会は市行政の下請けに

「平成の大合併」は、主に2002年の改正合併特別法に基づき2006年までに本格化しました。地方分権の受け皿となれるよう、市町村の規模拡大による行財政基盤強化などを目的に政府が推進しました。役場の支所化などにより旧町村部が周辺部化して寂れるとの住民の懸念に対して、推進派は

「住民自治協議会」などで自治や地域おこしを活発化させることで地域振興が図れると訴えていました。

しかし、長野市の場合、地域公民館や老人福祉センターの管理、運営を住民自治協議会の指定管理業務とすることを進めているため、住民自治協議会は市行政の下請け機関のようになっており、本来の役割とはほど遠い状況です。これらの地域では自治の充実や地域活性化とは真逆の現実が進行しており、住民自治や地域民主主義は後退、地域の衰退と住民の生き心地の悪さに直面しています。

自治体の存在意義、住民自治の力こそ

いずれの旧町村も合併前は、憲法と地方自治法が示す「地方自治の本旨」である団体自治と住民自治が定着していました。「……地域における行政を自主的かつ総合的に実施する役割を広く担うものとする」（自治法第1条の2第1項）、つまり地方自治体は、自らの判断と責任で地域における行政を計画し一体的に実施するいわば住民に最も身近な〝地方政府〟でした。首長と議会による二元代表制を機能させ、財源の確保と予算編成およびその執行、条例の制定、住民要求に基づく多様な事業展開による地域づくりなどに取り組みさまざまな困難を克服しながら、住民福祉の向上と地域社会の持続的前進に努めてきました。

しかし、長野市の場合合併後の旧町村地区は、単独の地方自治体から新市の一地域となってしまい、役場機構は支所となり職員も大幅に削減されてしまいました。その支所の職員数の変化をみますと、表2に示すように地域運営と住民生活を支援する人的体制が6町村合計で合併前の458人から現在1

表２　旧町村の役場（支所）の職員数（人）の変化

旧町村	合併直前	合併直後	現在（2018.4）
旧豊野町	103	77	36
旧戸隠村	94	80	28
旧鬼無里村	65	54	31
旧大岡村	47	40	15
旧信州新町	98	75	32
旧中条村	51	42	18
合　計	458	368	160

出所：長野市の資料に基づき筆者作成。

６０人（２０１８年４月現在）へと大きく縮小されつづけていることがわかります。あらためて一定地域に地方自治体が存在し、住民による自治が営まれてこそ、住民福祉の充実、住民主体の地域づくりが可能になると痛感します。

地方議員はいまこそ、「平成の大合併」の検証を市町村レベルで行い、住民福祉の向上の新たな政策課題を住民に示すべきです。

市行政の地域政策を変えるのは、住民の代表である議会と議員の重要な役割と責任でもあります。地方分権の時代となり、地域社会の現実にふさわしい行政ルールを条例として定めることは可能です。

新潟県上越市議会は合併後の２０１１年に、議員提案による「上越市中山間地域振興基本条例」を制定し、旧13町村地区への支援策を行政に義務づけました。わたしども飯綱町議会では、集落機能の低下を打開すべく、議員提案の「集落振興支援基本条例」を制定し、新たな集落創生・コミュニティー創りに取り組んでいます。

議会と議員の政策力が問われています。議会の本来の機能と役割を発揮するためには、「首長の追認機関からの脱出」と自立が不可欠の課題です。そのためにも、「学ぶ議会」と「自由討議」を推進力に議会改革・議員の意識改革への努力を重ねることが重要です。

［資料］

［憲法］

第九十二条　地方公共団体の組織及び運営に関する事項は、地方自治の本旨に基いて、法律でこれを定める。

［地方自治法］

（この法律の目的）

第1条　この法律は、地方自治の本旨に基いて、地方公共団体の区分並びに地方公共団体の組織及び運営に関する事項の大綱を定め、併せて国と地方公共団体との間の基本的関係を確立することにより、地方公共団体における民主的にして能率的な行政の確保を図るとともに、地方公共団体の健全な発達を保障することを目的とする。

（――は筆者）

2　議会改革の動機

――三セクの経営破綻、議会も責任問われる

飯綱町は、「平成の大合併」で旧牟礼《むれ》村と旧三水《さみず》村が合併、2005年10月に発足しました。長野市に隣接し、面積75平方キロメートル、当時の人口1万3100人。コメとリンゴの生産を中心とする農業が基幹産業の町です。合併協議会ではとくに、旧牟礼村のスキー場を中心とした第三セクター（以下、三セク）の赤字経営問題、旧三水村の水道事業の大幅赤字問題が度々きびしい議論となりました。

旧牟礼村では合併の最終議案が議会で否決される事態にもなり、直後の村長選の結果もふまえ合併議案が再度議会に提案され可決されるという経過をたどりました。合併に関する民意は複雑でした。

合併直後、町は三セク裁判で全面敗訴

合併直後の2006年3月、八十二銀行が三セクの飯綱リゾート開発（株）および損失補償契約を交わしていた旧牟礼村から引きついだ飯綱町に対して貸付金返済請求訴訟を起こしました。5回に及ぶ口頭弁論の末、2006年10月30日の長野地方裁判所の判決は、原告八十二銀行の主張がすべて認

債権放棄及び損失補償の実行による損失額の内訳

	内　容	金額（円）
損失額の内訳	①八十二銀行からの借入金損失補償額に関連するもの 内訳は、八十二銀行間と締結した「確定判決に基づく債務弁済協定書」に基づき以下のとおり 損失補償額＝435,900,000円 損害金（利息）＝66,953,963円 訴訟費用の二分の一＝1,325,000円	504,178,963
	②JAながのからの借入金損失補償額 町の貸付金（借入者はリゾート）＝234,000,000 リゾート単独借入分＝20,000,000	254,000,000
	③②に対する平成28年までに償還した場合の利息（平成28年に借換を予定しているため総額は変わる）	43,766,532
	④飯綱リゾート開発株式会社からの既返済金額 損失補償額への充当分＝14,000,000円 利息等への充当分＝624,000円	14,624,000
合計	①＋②＋③－④	787,321,495

注：このほかに、会社の清算に伴い保有株式（出資金）64,000千円が無価値化する。
なお、出資金の権利消滅については、自治法96条の権利放棄には該当しない。
出所：飯綱町企画課作成資料（2009年）。

められ、町側の全面敗訴、「八十二銀行に4億3590万円および完済に至るまで14%の金員を支払え」「仮執行付」との内容でした。11月13日に町と三セク会社は控訴しない旨を決定。同行と交渉を持ち7年分割で弁済することで合意しました。銀行が自治体を訴えるという前代未聞の裁判に敗訴したことで、2002年に三セクの借金に関して旧牟礼村と八十二銀行が締結した損失補償契約を実行せざるを得なくなり多額の町民負担が現実となりました。

さらに、地元の「ながの農協」からの借入金損失補償額2億5400万円の返済も求められ、町は実行しました。表に示すように総額7億8700万円を経営破綻した三セクに代わって町が返済するという事態に至りました。

裁判に至る経過や提訴された現実は、合併で発足した新町の信頼を著しく低下させ、多方面に多大な影響を及ぼしました。行政と議会、三セク関係者の責任は重大でした。一方では皮肉なことに会社清算の判断を急がせる転機となったことも事実です。

住民説明会——行政と議会にきびしい批判

判決確定後、町行政は町内6カ所で「三セクの負債問題と行政対応」の住民説明会を開催、どの会場も大勢の住民が参加しました。とくに旧三水地域の住民から「合併協議の際には、三セクの負債は、年間800万円の黒字を出せば返済できると（牟礼村側は）説明してきた。裏切られた気持ちだ」「町当局に企業経営は無理だ」「スキー場からすぐ手を引くべき、今後の財政支援は認めない」「金融機関との交渉、甘かったのではないか」「町長は責任をとり、即辞職すべき」など、きびしい批判、不満が続出しました。

住民の批判は、議会と議員に対しても寄せられ、「議会は議決責任と住民への説明責任を自覚しているのか」「議会は首長提案の追認機関になっていたのではないか」など、議会も責任を問われました。この件に限らず議会の行政への監視、批判機能が果たせていなかったことも事実で、しかもこの状態が長期間続いたことで、住民負担を増大させてしまいました。

議会は追認――三セクへの財政支援議案

牟礼村の時代、三セク経営に関し、とくに財政支援関連議案が議会に提出されると、議案によっては、批判、疑問点を質すさまざまな質疑もありましたが、結果的に議会は村長提案をすべて追認、可決してきました。2000年から07年まで三セクは営業赤字の連続でした。当時の村行政は、経営改善を理由にさまざまな財政支援を実施、出資金も含め総額9億2000万円でした。

その主な内容は、①借入金の返済支援として3回3億8500万円。いずれも三セク所有リフトを村が買収する方法で実施されました。②リフトの修繕およびワイヤー交換費用支援として3回6478万円。その他にも廃棄物処理工事費用として2000万円、増資5000万円などがありました。

村から三セクへのこうした財政支援策は、一般会計予算案、同補正予算案として議会に提案されました。議案によっては議員から「三セクのリフトを買収しその後無償で貸し出すやり方は、経営破綻状態の三セクへの実質的な補助金支給であり違法の可能性がある」などの指摘もありましたが、全体的には否決も修正もなく賛成多数で可決されてきました。住民が指摘するように文字どおり議会は追認機関となっており、この重大問題に対して本来の監視、批判の役割を発揮できないでいました。

その後、裁判所による三セクの特別清算が決定し、地元の有限会社により再スタートとなりました。議会の要請もあり、町行政は「飯綱リゾート開発（株）問題検証委員会」を立ち上げ、経過と問題点、責任の所在、教訓などを明らかにした検証結果を公表しました。そのなかで教訓として①観光政策（産業活性化の一環として、スキー場存続へ行政が積極的に関わるとの結論）が常に前提にあったことで、現在に至るまでには、スキー場の廃止や会社清算等を決断すべき局面が何度かあったにもかかわらず、抜本的な解決等を断行できなかったこと。②客観的にみて、厳しい経営状況が続いていたにもかかわらず、専門的な経営ノウハウがなく経営責任も曖昧な第三セクター方式による運営であったために、責任の所在が曖昧であっただけでなく、経営主体であった公的機関（公団や村・町）に支援等を依頼する傾向にあった。さらには株主や役員それぞれが出身母体の利益・不利益を考えざるを得ないこともあり、場面、場面で的確な経営判断や決断ができず、常に問題が先送りされてきたこと。

この問題は、第三セクター方式による経営の弊害が顕著に現れた結果ともいえます。きびしい総括、教訓となりました。二元代表制の一翼として議決責任を負っている議会の役割と責任を深く反省し、今後の議会活動に生かすべき指摘を受けました。

新しい地方議会づくりを開始

三セクの経営破綻をめぐる諸問題の発生と一連の対応は、行政と議会に対する住民不信が拡大し、合併後の新町建設にとって大きな障害となりました。２００７年11月、議会の構成替えでわたしは議会運営委員長となりました。三セク問題を議会改革のチャンスととらえ、全議員に住民に信頼される新しい地方議会づくりを訴え、賛同を得ました。２００８年1月から議会改革への町議会としての独自の取り組みを開始しました。

3　めざす議会像、改革課題を住民に示す

総務省の報告書をシンポジウムで議論

議会改革を点から面に広げようと、飯綱町議会の呼びかけではじまった「町村議会改革シンポジウムin長野」の第4回が2018年5月7日長野県松本市で開催され、過去最多の18町村の議員・事務局職員ら約200人が参加しました。町村議員のなり手不足問題の現状と解決策、議会からの政策提言などの事例報告と意見交換が行われました。

総務省の「町村議会のあり方に関する研究会」のメンバーを務めた山梨学院大学の江藤俊昭教授が報告に立ち、①現行制度を残しつつも、不可分の政策パッケージという二つの議会の提示は、国からの集権的改革で問題がある。②新たな二つの議会は議事機関の役割、二元代表制を弱体化させる、と批判。③議員のなり手不足問題解消の正攻法は、議会改革を前進させ、議会・議員の魅力向上で、住民に信頼される議会を実現することである、と強調されました。

パネリストとして参加したわたしは、十年余りの議会改革の実践を踏まえ、総務省の研究会が人口減少、高齢化が急速に進む地域社会と住民の自治意識の変化を十分に認識せず、この問題を法律の一

2016年から始まった「町村議会改革シンポジウム in 長野」、5回目が2019年10月に計画されている

部改正も含め、手練手管で解決しようとする非現実性を指摘しました。さらに、①議会本来の権限、役割を縮小、分散する内容で監視、批判機能の低下による二元代表制の形骸化、追認機関化を懸念。②地方分権改革の推進で自治体の自主性、自立性の発揮が期待され、議会も地方自治法の一部改正も含め、機能強化と自由度の拡大が進んでおり、こうした流れに逆行していること。③全国の地方議会で進みつつある議会改革の成果と教訓、国への要望などが十分に考慮されていないこと、などの問題点を指摘。そして④今日、地方議会は、住民福祉の向上と集落機能の充実などの新たな地域づくりのための政策力の強化をはじめ、議会の総合力が求められていること。⑤なり手不足問題の解決は、住民自治を前進させる方向で、議会と行政、住民が協働で努力すべきである、と参加者に訴えま

した。意見交換では、「女性が進出しやすい環境整備の視点を持つ必要がある」「報告書は画期的だが、町村の現実からはむずかしい」「住民自治の裾野を広げる多様な活動が求められている」などの発言がありました。

このシンポジウムを契機に、議員のなり手不足問題について、長野県下の町村議会で独自の議論を深め、現場に立脚した実効性のある解決策を打ち出してほしいと願っています。

学習と議論を重ね、議会像、改革課題を整理

飯綱町議会では、議会改革がスタートした2008年1月から8月まで議会全員協議会や委員会等で三十数回の学習会と自由討議を集中的に重ねました。当時の『住民と自治』『地方議会人』『ガバナンス』などの月刊誌に掲載されていた全国の先進議会の改革事例や研究者の小論文を参考に学び合い議論を深め、飯綱町議会にふさわしい具体化と課題整理を進め、議員の合意に至りました。

われわれがめざす議会像として、「住民に開かれた議会」「町長と切磋琢磨する議会」「政策提言のできる議会」「活発な議論が展開される議会」「住民の声を行政に反映する努力を貫ける議会」「飯綱町の住民自治発展の推進力となれる議会」の6点に集約。また改革課題として、「一般質問に一問一答方式を導入、町長には反問権を認める」「町民に対して議会の議決責任と説明責任を果たす」「議会への住民参加を広げる」「議会の情報公開をさらに進める」「議員の資質向上に努め議員同士の自由討議を活発に行う」「議員の政策立案能力を高め、政策提言、条例制定などに取り組む」「行政への批判と監視

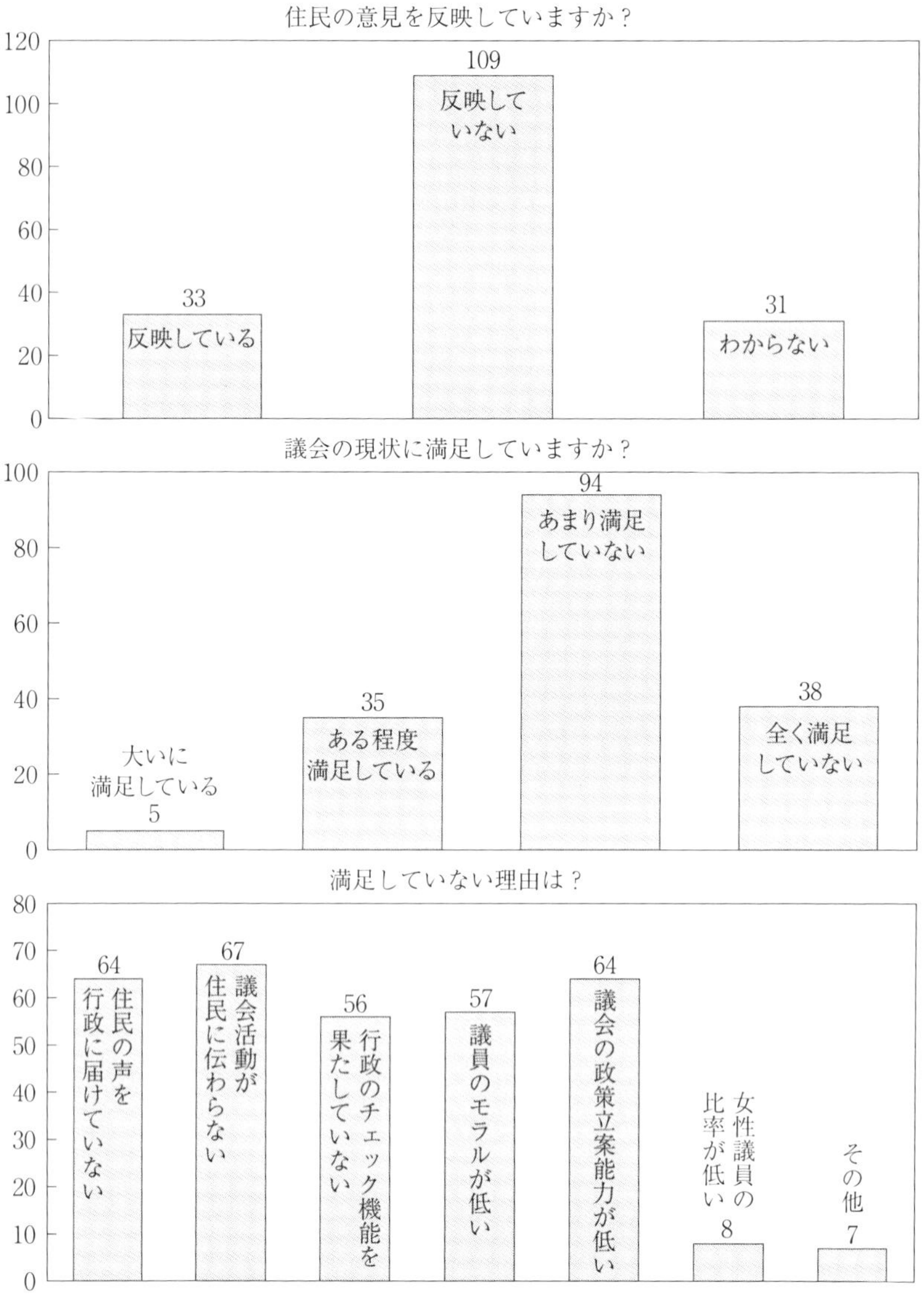

議会改革の開始時（2008 年 3 月）に行った住民アンケートの結果（数字は件数）

機能を一層強化する」「政務調査費（当時）を条例化し、政策研究、町民への広報活動等に活用する」の8項目を明確にしました。

3月には、「議会改革のための町民アンケート」調査を実施、173名から回答があり、結果は、全体としてわたしどもの議会・議員活動に対するきびしい評価でした。

また、町民から寄せられた意見、要望、批判等を分野別に整理すると次のとおりでした。

〈議員活動全体に対する意見〉

・住民とのコミュニケーションが不足している。日常的に住民と対話を。
・行政に対するチェック機能を果たしていない。
・モラルが低い、議員はもっと勉強すべき。
・広い視野で町全体の発展を考えてほしい、地域への利益誘導はやめる。気概と危機感をもち、報酬に見合う議員活動を。

〈議員の政策活動で望まれること〉

・費用対効果の面から行政施策のチェック強化を。
・人口減や高齢化社会への町の対応策の研究を。
・行政のレベルアップと効率化を検討すべき。
・農業関係人材の育成、遊休荒廃地の活用策を。
・議員数及び人件費削減の方策を検討すべき。

・町民との懇談、議論のなかから政策の立案を。
・議員の専門性発揮と議員の政策立案能力の向上が今後の町発展のカギ。
〈議員定数・報酬に対して〉
・町の規模からみて現在の議員数は多すぎる。
・議員定数を削減し、10～16名程度にすべき（当時は18名）。
・議員報酬を削減し、日給制にしたらよい。
・活動助成金は廃止すべきだ。
〈町行政、町長に対する意見〉
・第三セクターの廃止、経営の改善。
・スキー場経営からの撤退を。
・観光事業にもっと支援を。
・議員数が多い削減すべきだ。職員給与も削減を。
・小学校の将来を見すえた対応を。
・中学校建設、三水庁舎問題の早期解決を。
・能力が足りないと思える議員が多い。
・合併しても目標が見えてこない。
議員たちは、こうした住民の意見、批判等を真摯に受けとめ、この現実から議会改革をスタートする決意を固めました。

改革議論の経過と決定事項を記載した「議会だより」特別号を2008年8月に発行し、町民に議会改革の実行を宣言しました。前進するしかありません。以来十年余、年次計画や議会基本条例に基づき改革課題を具体化し、実践を積み上げ、政策サポーター制度、議会だよりモニター制度、議会白書の発行など、新たな制度としくみもつくってきました。

議長選挙から始まる議会改革

議長は地方議会の議会活動を主宰し、議会を代表する重要な地位にあります。議長は議場の秩序の保持、議事の整理、議会事務の統理、議会代表などの権限を有します。この議長の選び方は、議会改革の前進を左右すると、わたしは考えています。飯綱町議会では申し合わせにより議長任期2年ですが、発足以来、本会議での正副議長選挙の前段の議会全員協議会で、立候補予定者が所信表明を行い、質問を受けます。2013年からは、議長選挙マニフェストを発表しています。質疑では、議長の中立性と議会の民主的運営、議会改革の進め方、町長との距離のとり方、議員の学びと成長への支援などが議論となり、1時間に及ぶこともありました。こうした経過で議長は選出されるので、権威を振り回したり、独善に陥ることもなくなりました。

一方、議長の選出方法や任期の運用で悪しき「慣例」が根強く残っている議会も少なくないようです。本会議における選挙という形式はとるものの、なぜその議員が議長に選ばれたのかは舞台裏で多数派工作に関わった者にしかわからない。そして選ばれた議長がどんな方針でその役職を務めるかも見えにくい。こうした背景には、議長は単なる名誉職という考え方が根強く残っており、その名誉職の地位を多くの議員で分け合うことが優先される事情があるようです。しかも住民にはまったく見えず、これで開かれた議会といえるでしょうか。議長のリーダーシップの発揮で議会も議員も変わります。議会改革は議長選挙からはじまるというのがわたしの持論になりました。なお、「議会改革と議長のリーダーシップ」に関しては、1章12でより詳しく論じてみたいと思います。

4　議員は、学び合いと自由討議で成長する

議会改革は、議員の意識改革でもあります。飯綱町議会では、首長の追認機関のままでいいのか、二元代表制の一翼として首長と切磋琢磨する議会へ生まれ変わっていくのか、問われました。そのためには一過性や単発的な取り組みでは不十分です。議員は4年ごとの選挙で何人かは新人に入れ替わるので改革課題の持続的実践と活動の定着、新たな制度や「しくみ」づくり、そして実践的突破力がとくに重要となります。

新しい議会づくりへ、3本の柱

飯綱町議会では、議会改革をすすめ住民に信頼される新しい町議会づくりへ、3本の柱を立て、それらを具体化した議会の「年間活動計画」を作り、創意的で多様な取り組みを実践してきました。その3本の柱とは、

①追認機関から脱し、議会の権限を発揮し役割と責任を果たす。つまり議会が独立した議決機関として機能すること。

②「チーム議会」として政策力を向上させ、住民福祉の向上、新しい地域づくりで町長と善政競争を進める。今日の地域社会と住民生活の現実が、政策に強い議会・議員を必要としている。
③議会への住民参加を広げ、住民の自治意識を高め、議会活動を「見える化」する。住民参加の場を作り出し、地域に自治の裾野を広げていく。

です。以来十年余、新しい議会づくりへの挑戦と実践の日々でした。

議員の発言を保障し、成長を促す

人生経験豊かな60代・70代の高齢の議員に「よく勉強し議論しながら自らの認識を変えるべきだ」などといってもなかなか通じません。しかし、それを乗り越えなかったら議員は成長しないし、議会力も議員力も発揮できません。わたしは、議員の意識を変える手法として「学び合い」と「自由討議」に取り組みました。人間は学び議論を重ねるなかで、自分の認識や考えを変えることができ、年配の議員も変わらざるを得なくなります。また発言の機会を十分に保障することも議員の成長に不可欠です。そこで議会機能や議員の役割を十分に発揮できなくしていた不都合な「申し合わせ事項」「自主規制」などを撤廃し議論の活性化を進めました。

その第一は、本会議での議案に対する議員の質疑、質問の回数制限をなくし、納得がいくまで自由に発言できるようにしました。議員がその職責を果たすために「発言自由の原則」が基本なはずです。しかし多くの議会が採用している「標準」の町村議会会議規則では、「発言内容の制限」（第54条）や

「発言時間の制限」（第56条）等で議員の発言に一定の制約をもうけています。特に「質疑は、同一議員につき、同一の議題について三回を超えることができない。ただし、特に議長の許可を得たときは、この限りでない」（第55条、傍線は著者）、「質問については、第五十五条及び第五十九条第一項の規定を準用する」（第63条）とあり、質疑や質問の回数制限があります。わたしははじめて議員になった時から議論してこそ議会なのにと思いつつこの規定に疑問をもっていました。

町長から議案書が提示されると、議員は事前に議案と諸資料を読み込み、調査・分析、必要に応じ住民からの聞き取りなどを行い、質疑の準備をします。ですから納得のいく議論ができてこそ、住民にも説明できますし、議員としての誇りや確信、やりがいを実感でき、成長につながります。

そこでわたしは本会議での議員の質疑は、第55条の「議長の許可を得たときは、この限りでない」に基づき、何回でも自由としました。とくに予算・決算審議では、款別に一款から順次質疑を進めることで、わかりやすく系統的な議論となりました。一般質問では2007年から一問一答方式を導入し、町長には反問権を認めています。議員の努力次第で、論点、争点、問題の本質を明らかにできる議論が可能となりました。

こうした改革の結果、町長や説明員が、あいまいな答弁を繰り返したり、かわすようなこともなくなり、議場に緊張感と活気が感じられるように変化してきました。

第二は、全員協議会で議案に関することや町行政をめぐる諸問題について自由討議を行い、論点・争点整理をすすめてきました。

飯綱町議会は、政党所属議員以外は無所属で会派はなく、一人ひとりの議員が、政治的に自立し、自らの責任で議案に対して賛否の議決権を行使しなければなりません。問題は、いかに理論的・政策的確信をもって発言し、議決責任と住民への説明責任を果たせるかです。議長主宰の全員協議会では、学習と自由討議を重ね、論点、争点を明らかにしつつも、本会議での賛否の討論は議員の自由となっています。全員協議会は、２００８年の地方自治法改正で会議規則に定めることにより、法律上明確に位置づけられました。もちろん、議案の事前審査として議員に賛否を問うような運営は好ましくありません。

第三は、新人議員の研修会を町議会独自に計画・実施し、その成長を支援してきました。

議長になる前、ある同僚議員から「自分も寺島議員のようなきちんとした質問をしたいがなかなかできなくて……」と相談を受けたことがありました。その時「議員になったからには、前向きに仕事をしたい人もいる。そういう議員の力を伸ばさなくては」と率直に思いつつ、こうした議員を「良心的保守」と位置づけ支援してきました。

そこで議長になってから、新人議員研修会を新たに制度化し当選直後から約半年にわたり8回開催しました。講師役は正副議長と2人の常任委員長。初回は、飯綱町「議会基本条例」について、制定過程にあった議論の特徴もふまえて、条文ごとに理解を深めました。二回目からは『議員必携』をテキストに、議会の権限、一般質問、議会運営、委員会活動、議案審議・審査、予算、決算など多岐にわたり学習を深めました。一般質問の準備、議論の進め方については、その後も3、4回、学習会を開きました。われわれが講師を務める利点は、さまざまなテーマが議論になった際に、議会の過去の経験や事例の話ができ、形式的理解より具体的、実践的イメージを新人議員がもてたことです。新人議員にとっては、「行政・議会」という新しい世界に足を踏み入れたことになります。制度やしくみ、ルール等の基本を身につけてこそ、正確で説得力のある議論力を発揮することができます。毎回の研修会に欠席者は、一人もなく、新人議員からは、大変よろこばれ、確信になったようです。

二元代表制を機能させる努力

地方自治体の運営は、首長には執行権、議会には議決権を与え、相互にその権限を均衡させ、それぞれの独断専行を抑制するという二元代表制によっています。しかし、実態は首長に再議権や専決処分権などが与えられており、首長優位となっています。

議会の権限や役割を少しでも充実させ、二元代表制を実質的に機能させたい、そのための知恵を出し合いました。以下、3点を実行し、定着させてきました。

①一般質問のなかで議員の提案に町長、説明員が「検討したい」と答弁した事案については、半年ごとにその検討結果を議会に書面で報告すること。議会はその内容を「議会だより」で住民に公表します。

②毎年9月に議会が町長に提出している「来年度・予算政策要望書」は、課長会議などで必ず検討し、その結果を議会に書面で報告すること。議会はその内容を住民に公表します。

③議会が町長提案の議案を否決、不承認とした際は、行政の執行をめぐる諸問題として議員間で議論を重ねた上で、議会として改善策など盛り込んだ町長への提言書の提出も行ってきました（4回経験）。

二元代表制という機能の充実に努めるなら、行政と議会の質を高めることができ、しいては住民福祉の向上につながると町長も議会も確信しています。

5　議会基本条例の制定
――議員自身が身近に思える条例に

北海道の栗山町議会が全国初の議会基本条例（以下「条例」）を制定したのは2006年5月でした。以来この条例制定の取り組みは、全国の地方議会に広がり、今日までに約800の県・市町村議会が制定しています。制定後の議会改革の進展状況は、議会の事情によりかなりの差があるようです。重要なことは、条例制定が目的ではなく、議会・議員活動の実践の指針として議会改革を前進させる生きた条例とすることです。

素案をもとに二十数回の議論を重ねる

飯綱町議会が、条例素案（筆者が作成）をもとに議論を開始したのは、2011年4月でした。それまでの議会改革の成果と教訓を条例に盛り込む立場を明確にしつつ、基本的観点として、①議会・議員活動の実践の指針となる具体的で生きた条例とする。②飯綱町議会としての特徴ある条例内容とする。③議会活動の発展に応じ、将来の改正を考慮する、などを確認し議論を進めました。

全員協議会、常任委員会、議会運営委員会で一年余り、二十数回の議論を重ね、条文の是非や表現

議会基本条例制定までの検討フロー

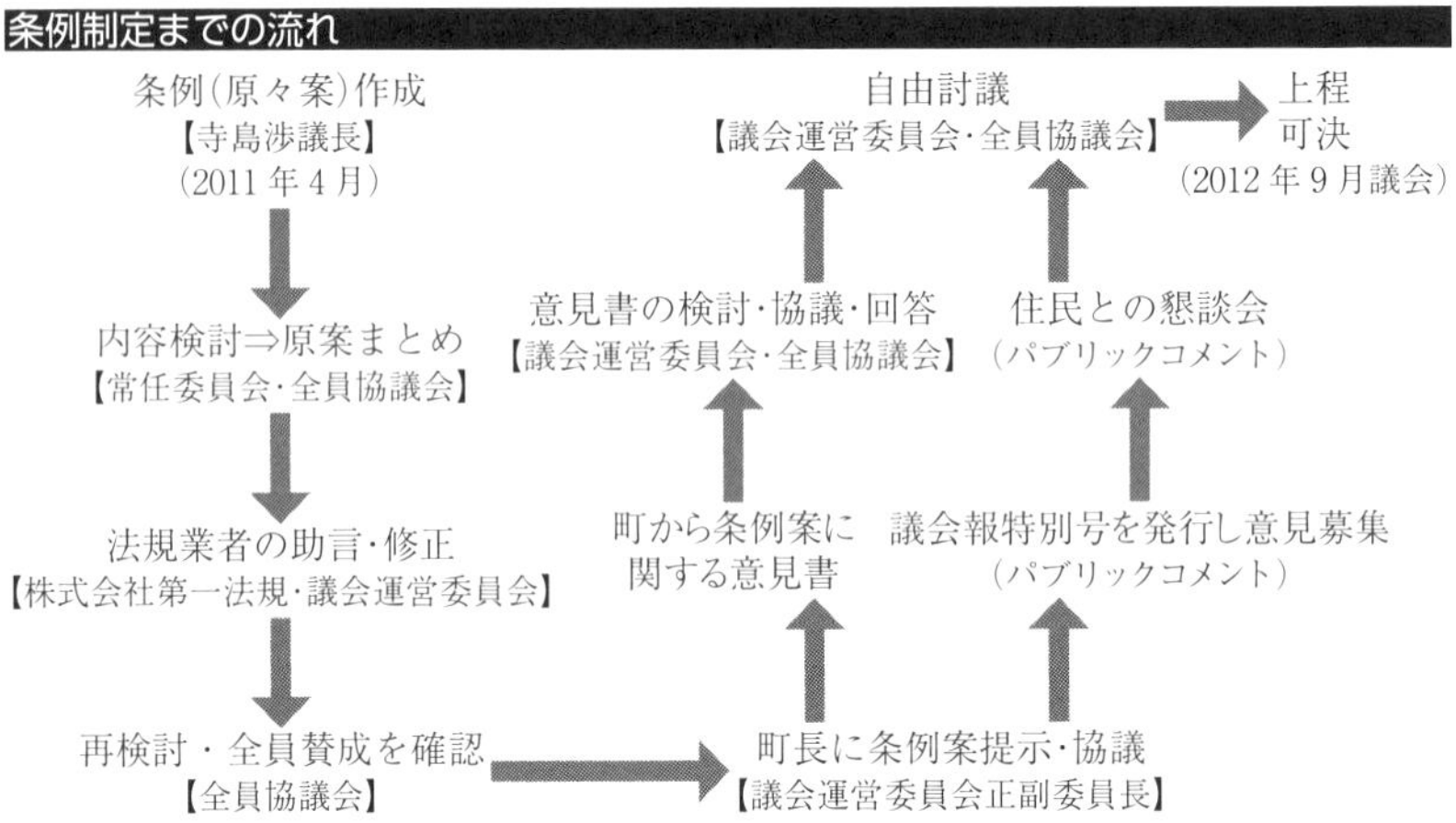

出所：飯綱町議会事務局作成資料。

方法など第1条から順次意見交換を進め、全議員が一致できる条文を確定していきました。時には、かなりきびしい議論になったこともあり、通年議会制と政務調査費（当時）支給は合意に至らず、今後の課題としました。この議論を重ねたプロセスを通して、議員が身近に思える条例に仕上がっていったと思います。

町長と協議、住民からも意見聴取

条例案が整った段階で、町長との協議となり、町長からは「長の権限で決定すべき事項に踏み込んだ表現が垣間見える」「議員の政治倫理に係わる条項が不足」「本条例について、住民合意が不十分」などの意見が提出されました。町長の不理解も一部ありましたが、指摘事項について議会としてさらに議論を深め修正も行った結果、町長との最終的な合意に至りました。

また、住民からの意見、批判、要望なども募集しました。条例案の全文を掲載した「議会報特別号」を発行、全戸に配布し意見を求めたり、条例案をテーマに「住民と議会との懇談会」を2回開催（参加者合計10人）しましたが、住民にとってはむずかしい問題であったようで、十分な意見などは聞けませんでした。

以上の経過により、２０１１年9月議会で、「政治倫理規程」とともに「飯綱町議会基本条例」を全員賛成で可決しました。町議会は、この条例を力に変え、議会改革の次のステップへ前進することになります。

飯綱町議会としての特徴ある身近な条例

この条例には、当時の議員のさまざまな思いが込められており、飯綱町議会らしいいくつかの特徴があり、議員自身が身近に感じることができます。その主な特徴的内容は次のとおりです。

・めざす議会像として「政策提言できる議会」「飯綱町の民主主義と住民自治発展の推進力となる議会」など6点を明記（第2条）。
・町民目線での政策研究の一環として「政策サポーター制度」の新設（第7条）。
・住民の意見を議会報編集に生かすための「議会広報モニター」制度の新設（第6条）。
・議会白書の発行（第16条）。
・災害への対応（第9条）。
・議長・副議長の選挙にあたり、志願する者に所信表明の機会を設け、質疑も行う（第18条）。

・議員相互間の自由討議により議論を尽くし論点、争点の整理に努める（第15条）。
・請願・陳情者には、本会議や常任委員会で意見陳述の機会を保障する（第８条）。
なお、この条例の全文については、飯綱町議会のウェブサイトでご覧ください。

毎年「年間活動計画」を作成、実行

自ら制定したこの条例を手離さず、実践の指針として定着させ、議会・議員活動発展の力にするために努力してきました。飯綱町議会では、毎年４月に全員協議会で条例を具体化した議会の「年間活動計画」を策定し、実行しています。

これまでに、町と議会の共催による「町民講座」の開催（２０１６年から毎年8月に）、議会白書の毎年発行（２０１７年から）、中学3年生全員参加による「私のふるさと飯綱町への15歳の提言――中学生議会」の開催（２０１６年）、中学生からは、「町の未来づくりへ」として、①町民が生きがいをもって生活できる町づくり、②町の強みにひかれて人々が訪れる町づくり、③すべての世代が安心して生活できる町づくり、④町がもつ自然環境や社会環境を生かした町づくり、⑤歴史や産業を活用した町づくりのブランディング、⑥観光客用の新たな宿泊施設を、の6テーマで18チームが提言をしてくれました。政務活動費支給条例の制定（２０１７年）、議員3、４人がチームとなり集落へ出向く「議会出前講座」（２０１８年から）など新たな取り組みを広げてきています。

その後、2回の条例改正

この条例の実践で議会、議員活動が前進すると、新たな項目の追加など条例改正が必要となります。この間に2回の条例改正を実施しました。

２０１５年の改正では、「議会広報モニター制度」を条例に位置づけ、議会への住民参加と議会の「見える化」をいっそう推進することになりました（第6条の5）。また、「災害等への対応」を第9条として追加、災害発生時に町当局とも連携しながら「飯綱町議会災害対策本部」を設置し対応することに。第19条4項に「議会改革の推進」を明記、全国の先進議会への視察および視察研修受け入れなどによる他の議会とのさまざまな交流に取り組むことにしました。

「町村議会改革シンポジウム.in長野」（4回開催）もこの条例に位置づけられた取り組みです。

２０１６年の改正では、第16条「議会白書の発行、議会と議員の自己評価」を追加し、町民に議会と議員活動を検証してもらうための情報を提供することにしました。

この条例を将来にわたって議会活動にいかに生かしつづけるかが問われます。議会改革に終わりのないことを自覚しながら、「チーム議会」としての議会力及び個々の議員力を向上させつつ住民福祉の向上、人口減少、高齢化の困難に負けず新たな地域づくりに力を尽くしていきたいと思います。

6　町長提案に否決、修正、不承認も

議会改革の柱の一つは、これまでの首長の追認機関から脱し、議会が議決機関として自立し、その役割と責任を果たすことです。議員の意識改革が進み力量が向上すると、町長提案の議案に対し是々非々で臨み、否決、修正、不承認とする経験もわたしが議長の間に6回ありました。

こうした議会の一連の対応には議場にいる議員も町長・説明員も非常に緊張します。議員一人ひとりには議決責任と住民への説明責任が問われます。

否決、修正、不承認の事例

その主な事案は、次のとおりです。

（1）　次年度一般会計予算の議決（3月定例議会）から1カ月後の4月、町長は、町所有スキー場経営で、指定管理契約を結んでいた相手企業に対し、一方的に契約内容を変更し、「年間賃貸料」を大幅に増額する一般会計補正予算案を提案してきました。議員からは、当初予算の意義の軽視、真にやむを得ないものであるか疑問、相手との信頼関係を崩している、などの批判が続出し否決となりまし

た（2011年4月臨時議会）。

（2）　2014年6月定例議会では、一般会計補正予算案を精査するなかでさまざまな問題点が明らかになりました。道路改修事業で地元区の負担金支払いが合意できていない、町長の後援会幹部の要請で予算化されており、事業の優先順位が不明確、本来当初予算で事業化すべき事案で緊急性に欠ける、等々の指摘が議員からあり、否決となりました。

飯綱町議会では、「予算の補正」について『議員必携』をテキストに全員協議会で自由討議したことがあります。そのなかで回数に法令上の制限はないものの、みだりに補正を重ねると年間予算としての当初予算の意義がなくなり、また、財政運営の一貫性が失われることになるので、必要最小限度にとどめるべきである点で共通認識になりました。具体的には、当初予算の編成時、予期できなかった制度の改正、事情の変更や公共事業費の配分決定などの視点から8項目——①天災や災害の発生によって必要となった予算措置をするもの、②国、県の補助金・負担金・交付金等の確定によるもの、③地方債の同意の見通しが確実となったことによるもの、④建設事業の設計変更等によるやむを得ないもの、⑤国、県に準ずる公務員の給与改定を行うためのもの、⑥予算成立後、税制や補助制度、財務制度等法令の改正によるやむを得ないもの、⑦物価の変動等、経済事情の変化によるもの、⑧当初予算の積算を誤っていたため、それを是正するためのもの——等の例示を『議員必携』で確認しました。

こうしたことを契機にその後、町長からの安易な補正予算案の提案はなくなり、当初予算編成も各課の職員の間で時間をかけて作りあげるようになっています。

（3）　町の外郭団体である土地開発公社を清算するに当たり、公社所有のすべての土地を町が買い上げるための一般会計補正予算案が町長から提案されました。議員からは、公社としての土地処分の努力が不十分であること、町が土地を買い上げる際に、土地評価を簿価か実態価格かで町の財政支出は変わってくる、どう評価すべきか、などの質疑が行われました。議会は事前に現地調査も済ませていました。最終的には、再検討を要すということになり、予算案から、土地買収費1億3700万円を減額する議員提案の修正案を可決しました（2011年9月定例議会）。その後町は、不動産鑑定士による土地の再評価を行った上で、土地買収費を算定し、議案として提出、可決されました。

（4）　本会議での町幹部職員の答弁内容を根拠（議事録が証拠として裁判所に提出される）に町民から町が、名誉棄損で訴えられた裁判で一審の長野地方裁判所判決で町は敗訴となりました。町長は判決当日に代理人弁護士に促され、専決処分で控訴手続きを実行し、その後、承認議案を議会に提出しました。この問題では全員協議会でも今回の専決処分が妥当であるか否かについて自由討議を重ねましたが、議員の賛否は大きく別れました。

不承認を主張する議員たちは、地方自治法（以下、「法」という）を根拠に論点は明瞭でした。すなわち、法第96条（議決事件）1項12号で「訴えの提起……和解、あっせん、調停及び仲裁に関すること」を議決事件としており、したがってこの案件は、議案として議会に提出し、判断を求めるべきである。また、法第179条（長の専決処分）で長の専決処分の要件を、「議会の議決すべき事件について特に緊急を要するため議会を招集する時間的余裕がないことが明らかであると認めるとき」と限定し明確化されている（実はこの法第１７９条は２００６年に改正されています）。控訴期間は２週間あり、臨時議会は3日で開催できる。よって今回の町長の専決処分は、法第96条1項12号、法第１７９条に明らかに違反しており、不承認とすべきである、というものでした。

一方、承認を主張する議員たちは、訴訟の相手は、この間町に対していろいろと問題を起こしており、職員も被害にあっている。一審で敗訴したからといって町はこのまま引き下がるべきではない。控訴して断固闘うべきである、といわば感情論でした。

裁決の結果、可否同数となり、議長裁決で不承認としました（２０１２年3月定例議会）。

「専決処分」は、議会の権限に属する事項について、長が議会に代わって意思決定を行うことです。専決処分すれば、議会が議決したのとまったく同じ法律効果が発生します。その後、議会で不承認となっても、すでに法律効果が発生しており、専決処分の効力そのものに影響はありません。したがって議会としては、その慎重な運用を真剣に監視しなければなりません。

（５）「飯綱町総合計画後期基本計画」は、小委員会での修正が必要との議論もふまえ、本会議では、議員から修正動議が提出され、21カ所を修正した議員提案の修正案を可決しています（２０１２年３月定例議会）。

町長に議会として提言書を提出

議会は、議案の否決、修正、不承認の決定にとどまらず、行政執行をめぐる諸問題が発生した際に、町長に問題解決のための積極的提言を行ってきました。具体的には、①「いいづなリゾートスキー場の『年間賃貸料』をめぐり町長の行政対応に反省を求めるとともに、全町民的立場に立った行政運営への基本姿勢の確立を求める」、②「事務事業の適正な執行を求める」、③「一連の裁判問題をめぐって、その対応に町長の改善を求める」、④「区、組への集会施設整備補助金の適正な執行を求める」などです。

これらの提言書は毎回、「議会だより」に掲載され、住民への議会としての説明責任を果たすうえで効果がありました。

町長は議会決定を真摯に受け入れる

こうした議会による否決、修正、不承認の決定に対して町長は真摯に受けとめ、再議権の行使は一回も行いませんでした。その後の町行政動向を見るに、安易な議案提出はなくなりました。議会が監視、批判機能を発揮し、かつ建設的提言をすることで、二元代表制が実質的に機能し、長や職員の認識も変わり、行政の質の向上、ひいては住民福祉の向上につながっていくと思います。

7 住民の請願・陳情に誠実に対応

――県議会に要望書を提出の経験から

大北森林組合の補助金不正受給事件

大北《たいほく》森林組合（長野県大町市）の補助金不正受給事件は、2015年1月に長野県から公表されました。県によると大北森林組合による国、県の補助金不正受給額は2007年~2013年度に14億5200万円余り。組合の前専務理事が補助金適正化法違反容疑で逮捕され、同法の両罰規定適用で起訴された組合とともに長野地裁で有罪が確定しています。県職員4人が虚偽有印公文書作成・同行使などの疑いで書類送検され、起訴猶予処分となっています。県はこの4人を含む職員21人を懲戒処分にしました。その後、県は組合などが不正受給した国補助金7億6400万円余りについて国から返還命令を受けました。国からは県の不正な事務処理に対する制裁措置「加算金」3億5300万円余りも課せられ、計約11億1700万円を納付しました。林野庁は、森林整備事業の補助金返還命令では過去に例のない規模としています。

長野県政史上、まれにみるこの事件は、地元メディアでも大きく報道され、県の対応、県議会の動向などが、県民の関心を呼びました。しかし、現在に至るまで、この事件の全容解明はなされておらず、県民有志による住民訴訟が現在も闘われています。

請願権は憲法が保障する国民の権利

地方議会には、住民から請願書や陳情書がよく提出されます。憲法は「何人も、損害の救済、公務員の罷面、法律、命令又は規則の制定、廃止又は改正その他の事項に関し、平穏に請願する権利を有し、何人も、かかる請願をしたためにいかなる差別待遇も受けない」（憲法第16条）と規定し、請願権を国民の基本的権利の一つとして保障しています。請願の対象となる事項は、憲法で明定しているとおり、国、地方公共団体の事務に関するすべての事項が含まれています。

議会に請願の受理権を認めたのは、住民自治の立場から、住民の代表機関である議会に請願を通して住民の意思を反映させ、議会の意思によって住民の願望である請願の趣旨の実現に努めさせるためです。

これまで請願・陳情に誠実に対応

飯綱町議会は、発足以来、請願・陳情には、憲法の精神もふまえ誠実に対応してきました。陳情（嘆願書、要望書、意見書、決議書なども類するものとして）は、法的保護を受けるものではありませんが、「陳情書又はこれに類するもので議長が必要であると認めるものは、請願書の例により処理するものとする」（標準会議規則第95条）として対応しています。

請願、陳情の提出者には、委員会審査の際にそれらの趣旨や内容を説明し、委員の質問に答弁する機会を保障しています。また内容がむずかしく結論を出しかねる場合には、継続審査の手続きをし願意の妥当性について議会としてさらに学習と議論を重ねた上で、必ず結論を出すことにしています。継続審査の手続きをとらずに、会期が終了すれば、結果として審議未了廃案となりますが、そうした取り扱いは、請願権の軽視であり、無責任だと思います。

県議会に百条委設置の要望書を決議

実は、長野県議会への要望書の提出とその後の対応をめぐって、飯綱町議会は、この間過去に例のない経験をしました。

２０１６年９月定例議会で、議員発議の「大北森林組合補助金不正受給問題（事件）の徹底解明を求める要望書」（資料）を賛成多数で可決し、県議会議長に提出しました（県下市町村議会ではこの種の陳情書提出は飯綱町議会のみ）。

この要望書の素案は、わたしが作成し、全員協議会での自由討議を経て、本会議に提出され活発な賛否の討論が展開されました。要望書の内容に賛成の立場の議員からは、「県が指導監督する立場でありながら、（不正を）看過した組織体制とそのてん末は、県民の税金の使途が根本的に問われる」「県民はいままでの県の説明では納得できない」「徹底解明の上、真相を明らかにすることが再発防止と県民の信頼回復につながる」などの発言がありました。一方、反対の議員からは、「県議会でも問題の早期解明と完全な再発防止等を求める決議をした」「県議会が今後、県民へ説明すると信じている」などの発言がありました。

採決の結果は、賛成10人、反対2人でした。

県民の疑問は解明されていない

要望書は、この問題に対する県民のさまざまな疑問が解明されていないことおよび、事件の重大性――①不正受給額が14億4700万円余りと多額であり、その一部は長野県森林づくり県民税（一人年500円）を含む税金であること、②2007年以降、長期間にわたり補助金不正受給が継続したこと、③不正受給した補助金10億2800万円の大北森林組合から県への返還が50年計画とされ、不確実であること、一方で県から国への返還総額は、「制裁」加算金含め11億1700万円と多額であること――を指摘しました。

また、県が設置した検証委員会報告書では、「主体的・能動的」に不正申請を続けた組合に主な責任があることを強調しており、県職員関与の実態がまったく不明であること、さらに、この事件に加担した4人の県職員は、すでに起訴猶予処分となっており、法廷の場で真相が明らかになることは不可能になっていることなどを問題視しました。

そこでこの要望書の結論として、「県議会には、県民に代わって県政全般に対して批判、監視する役割が期待され、そのための権限が付与されています。専門的知見の活用も可能です。今こそ県議会

向山公人県議会議長に町議会の決議文を渡し、説明する（2017年9月）

は、県民の立場で、この事件の全容解明に知恵と力を発揮すべき」として、「地方自治法第96条第1項の検査権、同法第98条第2項の監査請求権、同法第100条に基づく調査権の行使等により、本問題の独自解明を行い、その結果を県民に公表すること」を求めました。

県議会議長に要望書を提出

数日後、向山公人《むかいやまきみと》県議会議長（当時）にこの要望書（陳情として扱われた）を提出しました。議長は、「議会の議決を経ており、正面から受けとめる」との回答でした。一町議会から県議会への要望書の提出ということで、各種メディアからも関心をもたれ、さまざまな形で取り上げられました。

しかし、要望書提出後の県議会の対応は、我々の期待を大きく裏切るもので、民意を軽くあしらう長野県議会の姿を見ることになります。

［資料］

長野県議会議長

向山公人様

要望書

飯綱町議会

大北森林組合補助金不正受給問題（事件）の徹底解明を求める要望書

一、大北森林組合補助金不正受給問題（事件）が発覚してから2年が経過しました。「なぜ7年も架空申請を容認してきたのか」、「県職員の関与の実態はどうであったのか」、「組合からの県への補助金返還は大丈夫なのか」など、この問題に対する県民の様々な疑問は、いまだ解決しておりません。

この大北森林組合不正受給問題は、

（1）不正受給額が14億4700万円と高額であり、その一部は長野県森林づくり県民税を含む県民の税金であること。

（2）2007年以降、長期にわたり補助金不正受給が継続的に行われたこと。

（3）不正受給した補助金10億2800万円の大北森林組合から県への返還が50年計画とされており、返還期間が長すぎるうえに、確実に返還されるかどうか不明であること。一方、県から国への補助金返還総額は、「制裁」加算金も含め11億1700万円と、極めて多額であること。などの点が大きな問題と考えています。

長野県政史上、まれに見るこの事件は、報道によると様々な問題が指摘されており、県民の関心も高くなっています。裁判にもなっており、県による全面的解明は、いまだ十分にされているとは言い難い状況が続いています。

一、この問題で県設置の検証委員会報告書は、予算消化のプレッシャーを背景に県職員が不正のきっかけを作ったとしつつも、組合が「主体的・能動的」に不正な申請を続けたと指摘、組合に主な責任があることを強調しています。阿部知事は、県議会などで「職員が全くの架空申請を容認したとは考えていない」と繰り返しています。

また、県は、県北安曇地方事務所林務課に在籍した職員や林務部職員計20人余から聞き取り調査を行った結果、どの職員も、組合が申請した時点で整備未完了でも、組合が後で整備すると思っていたことの認識を示したと主張しています。しかし、個別の案件ごとに県職員の関与を具体的に調べたかどうかは疑問です。身内同士の調査には限界があるのではないでしょうか。

最近の報道では、北安曇地方事務所林務課の当時の担当職員が、架空工事とみられる組合からの補助金申請を認めるよう何度も上司から強要されたと説明する「顛末書」を県へ提出していたことも明らかになりました。しかし県は「全くの架空申請を容認した職員はおらず、強要もなかった」と否定しています。県職員がどの程度関与し、組合側とどんなやり取りをしていたのか、全く不明のままです。不正に使われたのは、長野県民の税金であり、県職員の加担状況が曖昧のままでは、県民は納得できません。

さらに、この問題は「補助金不正事件」として、「大北森林組合が加害者になった詐欺事件」としても裁判になっています。県警は、この事件に加担した4人の県職員を書類送検にしました。内1人は組合との共犯関係が成立するとしています。しかし、長野地検は4人の職員を起訴猶予処分としており、これにより法廷の場で真相を明らかにすることがほぼ不可能になってしまいました。

一、過去に例を見ないようなこの補助金不正受給事件は、いまだ実態の全容解明がされておらず、県民にも様々な疑問が残されたままです。何よりも責任の所在と県職員関与の程度の実態が不明確です。これでは、この問題の教訓や今後の改善策も明らかにならず、こうした事態を放置するなら県政への政治不信につながるのではと危惧しています。税金の使われ方が根本的に問われているのです。さらに重大なことは、県民税に一人当たり年間５００円を上乗せ徴収している長野県森林づくり県民税（森林税）が、大北森林組合の補助金不正受給事件に使われたということです。森林税は5年間の第2期課税期間が来年度で終了します。もし継続するなら、県民が納得できる説明が求められます。よって、知事、県議会は、真摯な努力により全容解明を行い、県民に説明責任を果たすべきだと私たちは考えています。

この問題の一連の経過で重大なことは、県民の代表である県議会の存在価値が問われているということです。

長野県議会は、平成27年6月定例会で「大北森林組合に置ける補助金不正受給問題の早期全容解明と万全な再発防止策を求める決議」を行っています。

その後、県知事によりこの決議内容はどのように実行されたのでしょうか。県議会議員や県民が理解、納得できる全容解明が進んだのでしょうか。県民には、何も明らかにされていないのが今日の状況ではないでしょうか。

県議会には、県民に代わって県政全般に対して批判、監視する役割と責任が期待され、そのための権限も付与されています。専門的知見の活用も可能です。

今こそ県議会は、県民の立場に立ち、この事件の全容解明に知恵と力を発揮するとともに、地方自治法上の権限を行使すべきです。よって次のことを要望します。

記

長野県議会は、今後も引き続き「大北森林組合補助金不正受給問題」の全容解明に努めること。また地方自治法第98条第1項の検査権、同法第98条第2項の監査請求権、同法100条に基づく調査権の行使等により、本問題について独自の解明を行い、その結果を県民に公表すること。

平成28年9月26日

飯綱町議会議長　寺島　渉

8　長野県議会、継続6回そして不採択
——民意を軽視していないか

裁判が継続中との理由で継続審査に

飯綱町議会が、２０１６年９月に長野県議会に提出した「大北森林組合補助金不正受給問題（事件）の徹底解明を求める要望書」（陳情扱い）は、同年９月定例県議会の農政林務委員会で、元大北森林組合（以下、組合）専務理事らの刑事裁判が長野地方裁判所で継続中との理由で継続審査となりました。同じ理由で同年11月、翌年２月の定例県議会でも継続審査とされました。

判決は、県側の不正容認と認定

この刑事裁判をわたしも数回傍聴しました。とくに８人の県職員の証人尋問に県民の関心が集まりました。尋問のなかでは県職員の規律を疑うような証言が続出しました。

「架空申請を上司から何度も強要された」とする顛末書を県に提出した職員は、組合の補助金申請に不適切な点を見つけ上司に相談した際、「何とか通す理由を考えるのが役目でしょ」などと不適切な申請を認めるよう求められたと証言。

不正受給事件の構図

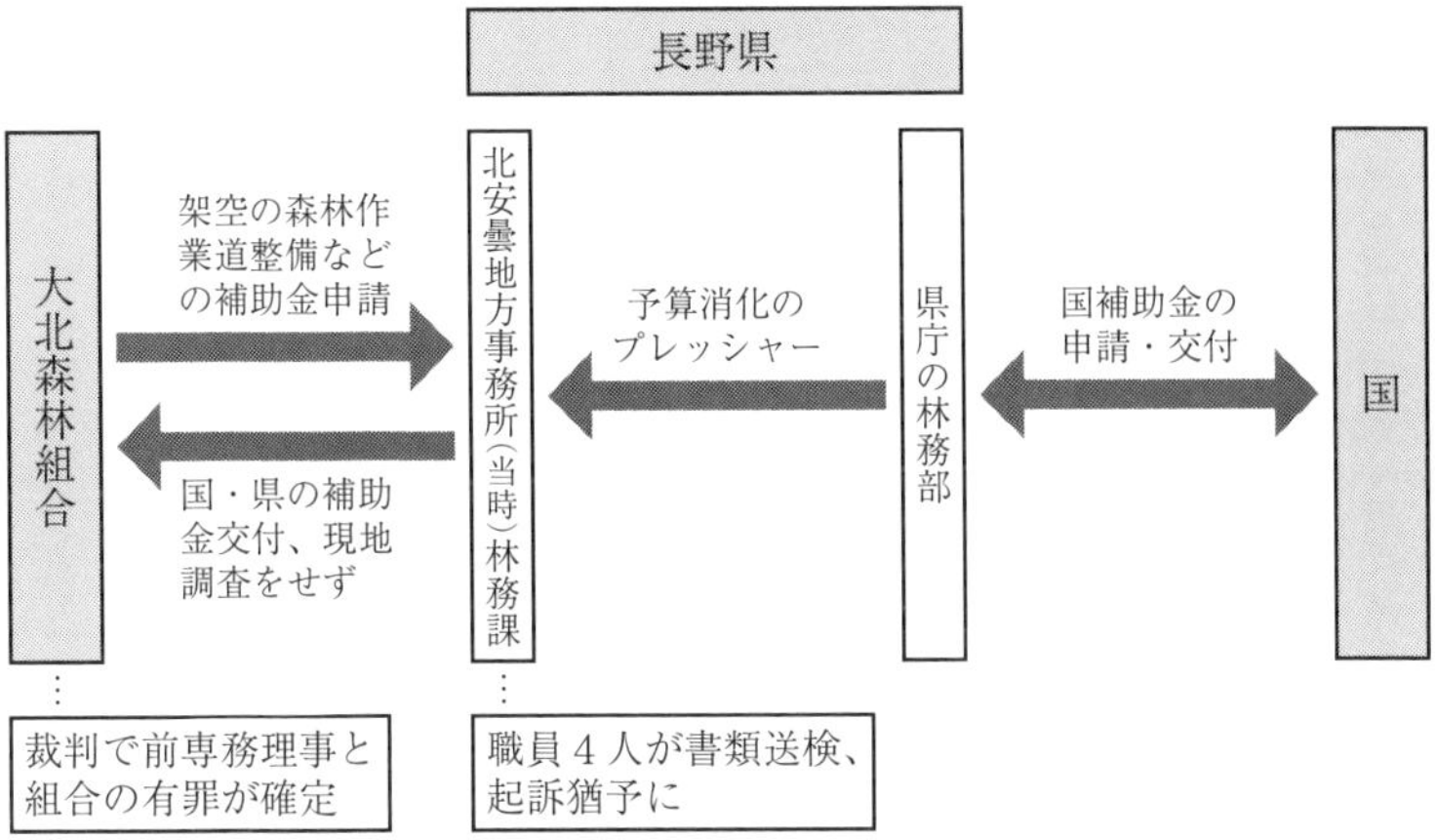

出所：筆者作成。

また、県庁林務部から間伐目標達成に向け、補助金予算消化のプレッシャーを受けたとされる職員からは、後に工事が完了することを前提として未完了の申請を認める「期ずれ」「闇繰り越し」を林務部側が促したとうかがわせる証言もあり、県庁林務部の関わりの実態も見えてきました。

そして2017年3月29日の長野地裁判決は、県職員の関与について「不正補助金受給を始めるきっかけを（被告に）与え、その後も容認し続けていたことは明らか」と認定しました。また証人として出廷した県北《きた》安曇《あづみ》地方事務所（当時、現在は振興局）の担当者が、組合を信用して工事の現地調査をせずに申請を認めたとする証言に対し「信用できない」と断定。これまで「全く工事がされない架空申請を容認していない」としてきた県側の主張は大きく揺らぎました。

予算消化を背景に県の容認の下、組合の不正な補助金申請が繰り返されたことを認めたこの判決は、県と県議会にも重いものとなりました。しかも判決は、県の責任言及にまで踏み込んでおり、県は再検証を迫られたといえます。県議会も、事件への県側の関わりについて追及姿勢が問われることになりました。

今度は、「当委員会で真相解明するのが第一義」として、また継続審査に

しかし、判決後、県の再検証はされず、県議会にも新たな対応は起きませんでした。

判決は翌月の4月に確定しました。すると農政林務委員会は、今度は「当委員会で真相解明するのが第一義」と理由を変えて継続扱いを続け、2017年12月定例会まで継続は計6回に及びました。

再度、採択を求める要望書を提出

そこで飯綱町議会は、2017年9月定例会で「昨年9月提出の要望書（陳情書）の採択を求める要望書」を議決し、再度、長野県議会に提出しました。そのなかで「県側の主張や説明を揺るがす司法の判断が示され、問題状況は大きく変化し、新たな局面に至っている」と指摘、県議会に重ねて百条委員会の設置を求め、陳情書の採択を要請しました。

県議会、質疑も反対討論もなく不採択を決定

2018年3月14日付で、飯綱町議会議長あてに「陳情不採択通知書」が届きました。「不採択とし

た理由　議第12号『大北森林組合補助金不正問題等における県の関与に関する調査特別委員会設置に関する決議案』が否決されているため」とだけ短く記してありました。

開会中の県議会に議員から百条委員会の設置を求める決議案が提出され、本会議で何の質疑も反対討論もなく、賛成少数で否決されていました。われわれの陳情もこれと同趣旨との理由で農政林務委員会は不採択にしました。

提出した陳情について、願意の妥当性や内容について委員会では、どんな議論がされたのでしょうか、疑問がわいてきました。

今回の一件から、住民が提出した請願・陳情に対して議会の審査責任はどうあるべきか、わたしも考えさせられました。

請願の採択に当たっては、一般的に「願意が妥当であるか」「実現の可能性があるか」「県や市町村の権限事項に属する事項であるか」などが、その判断基準とされています。「願意の妥当性」とは、法令上あるいは公益上の見地から合理的なものをいい、また「実現の可能性」とは、その緊急性や重要性および財政事情などから見て、ごく近い将来、実現の可能性のあるものをいい、厳格に解釈しなければならないとされています（以上、『議員必携』学陽書房による）。

これを機にあらためて議会として、請願・陳情を審査する原点に立ちかえり、基本姿勢を確立して臨みたいものです。

民意を軽くあしらう県議会に批判

長野県議会でのわれわれ議会提出の陳情不採択に対して、メディアからも批判が起きました。地元の信濃毎日新聞は、「目に余る県会の民意軽視」との社説で「町議会が議決を経て提出した陳情をずっとたなざらしにした揚げ句、議論もほとんどしないで不採択にする。民意を軽くあしらう長野県議会の姿である」「飯綱町議会は不採択になった理由さえわからない。2度にわたる町議会の議決の重みを県会はどう考えているのか」ときびしい。

長野県議会は、共産党を除くオール与党態勢になっており、緊張に欠け、監視機能も発揮できずにいるのが現実です。住民の代表機関としての責任を自覚し、誠実な議会運営に努めて欲しい。そのためにも、県議会改革に真剣に取り組んでほしい。大森彌《わたる》先生は、「何期も当選を重ねると、自分が大物議員であるような錯覚をもち、議員であることが、あたかも『生業《なりわい》』のようになり、選挙で当選することと自体が目的化し、それに役立つ手練手管に長けるような議員になりやすいのである。繰り返し当選することと議会発言の低調さとが併存している状態をいかに解消するかが議会改革の基本ではないか」（月刊『ガバナンス』2019年6月号）と述べておられます。全く同感です。

【資料】

昨年［２０１６年］９月提出の要望書（陳情）の採択を求める要望書

一、昨年9月26日、私ども飯綱町議会は長野県議会議長に「大北森林組合補助金不正受給問題（事件）の徹底解明を求める要望書」を提出し、陳情として扱われてきました。

陳情を審査した農林政務委員会は、昨年9月、11月、今年2月、7月と続けて継続審査としました。その主な理由は、「長野地裁において係争中であり、その行方を見極める」ということでした。また、「当委員会で真相究明するのが第一義で、百条委員会を即座に設置すべきものではない」との意見も出されています（委員会議事録）。

因みに、私ども飯綱町議会では、請願・陳情を継続審査とした場合は、その後、議論を深める努力をし、必ず結論を出すこととしています。住民の請願権を保障するためです。

一、この裁判は、3月に有罪判決が出て、確定しています。

判決は、県の関与について「県職員が現地調査をすれば虚偽申請であることが直ちに明らかになるのだから、（組合側が）職員の了解なく虚偽申請したことは想定できない」、「県側に重大な落ち度があった」、「（地方事務所は林務部から）違法な手段を使っても予算を消化するよう迫られていた」と指摘しています。

県のこれまでの主張や説明を揺るがす司法の判断が示されています。この問題をめぐる状況は大きく変化し、新たな局面になったと言えます。

一、8月、この問題で、県が設置した法的課題検討委員会は、県職員11人に計1億5千万円余の賠償請求ができると結論付けました。11人はいずれも補助金交付を担った現地機関に在籍した課長以下の担当職員たちです。指導・監督する立場にあった所長、副所長や本庁林務部職員は含まれていません。判決内容とも矛盾するのではないでしょうか。

県の幹部の責任追及はこれで良いのでしょうか。岡山地裁では幹部に賠償を命じた判決も出されています。

一、あらためて、この問題をめぐり、不正が始まった契機はどこにあったのか。なぜ長期間続いたのか。県の加担はどのように行われてきたのか等々、全体像が見えてきません。

地裁判決後の県民世論調査でも7割が県職員の再調査が必要と答えていますが、県はこれに応えていません。

現局面で、この問題の全容解明が求められています。

一、県政に対して、今こそ長野県議会は監視、批判の役割を果たすべき時です。

県議会が、地方自治法が認める百条委員会を設置し、調査権を発揮し、全容解明に力を尽くすことを県民は期待しています。

是非、県議会の責任を果たし、県民にその見識を示していただきたい。

よって、大北森林組合補助金不正受給問題（事件）についての要望書を再度提出します。

平成29年9月27日

飯綱町議会議長　寺島　渉

長野県議会議長垣内基良様

9　「チーム議会」の政策提言と政策サポーター制度

議会改革による新しい地方議会づくりの第2の柱は、「チーム議会」としての政策力を向上させ、住民福祉の充実へ町長と善政競争を進めることでした。

従来議員は、個人として選挙で当選して議員になることから、議員活動は熱心にするが、議長を中心に組織的に議会活動をすることは、ほとんどありませんでした。しかし、ここ数年来の議会改革の流れの中で全国の市町村議会の中で議長を中心に議会事務局も参加した「チーム議会」として活動する議会が増えてきているように思います。このことは、毎年のマニフェスト大賞への応募議会の広がりと活動内容の質の高さにあらわれています。

従来の執行権に対する監視・批判機能だけでなく、政策提案機能とそれを補完する議員提案の条例制定など議会全体での取り組みが、全国の先進議会に見られるようになりました。二元代表制が実質的に機能し始めているともいえます。個々の議員活動の評価とともに、これからは、議会の組織的な調査研究や政策提言活動を評価の対象とすることが必要になっています。

政策提言は、議会の第3の機能

これまで地方議会は一般的に、①地方公共団体の意思を決定する機能、②執行機関を批判、監視する機能を担うとされてきました。

今日、地方分権の進展による「地方の自主性・自立性の拡大」とともに地方自治を取り巻く環境の変化（超少子高齢社会、人口減少、住民の価値観の多様化、集落機能や自治力の低下、災害の発生など）は、議員が地域と住民のなかに深くわけ入り、地域の将来のために自分たちで施策の適否を判断するという視点からの課題解決に向け「チーム議会」としての政策提言活動を求めています。いわば議会の第3の機能ともいえます。一般質問等で町長に対して個々の議員からの政策提案もありますが、これは、あくまでも議員個人からの提案の域を出ません。しかし、議員全員が「チーム議会」として研究し提案する政策提言は、機関としての決定であり、町長も軽視できないと思います。政策提言が実現されることで議員は達成感を得ることができます。そのためには、議会力、議員力、とくに理論政策水準の向上が不可欠です。

政策サポーター制度を新設

飯綱町議会は、政策提言活動を住民と議会が協働で取り組むことを決定し、住民が参加する「政策サポーター制度」を２０１０年に新設しました。議員定数の削減（合併も含め）と議員の高齢化、選出地域の偏り、女性や若年議員の少なさなど議会力・議員力の限界を自覚するなかで、思い切って町

政策サポーター会議の様子。毎回午後6：00～9：00に開催した（2016年8月）

民の知恵と力を借りて政策づくりを行うこと、また開かれた議会となるために議会への住民参加の一助とすることが、この制度新設の主な理由でした。

「飯綱町議会政策サポーター設置要綱」（２０１３年6月施行）のなかで、その任務（第6条）を「サポーターは、議会及び町の政策について意見を提言するとともに、飯綱町全般について町民の意見を聴取するほか、議会の依頼に応じて会議、アンケート、調査事項への協力等を行うものとする」としています。他に任期、選考、謝金などについても明記しています。

サポーターの選考は、公募と要請で行います。とくに議会から要請する際は、議員のいない集落、若者や女性を重視するなど、地域の実態と住民の声を広く政策に反映させるための工夫をしてきました。幸いにもこれまで住民の皆さんの積極的協力が得られています。

２０１０年に第1次を開始してから、2次、3次とつづき、計6テーマで町長に政策提言書を提出しました。２０１８年11月からはじまった第4次も含めて政策サポーター参加住民はのべ58人

飯綱町議会政策サポーター会議のテーマと構成など

次	政策テーマ	期　間	サポーターの構成
1次	①行財政改革推進のための政策提言 ②都市との交流・人口増加をめざす政策提言	2010年4月～11月	公募2人、要請10人 男性10人、女性2人
2次	①新たな人口増対策 ②集落機能の強化と行政との協働の推進	2013年6月～2014年6月	公募3人、要請12人 男性8人、女性7人
3次	①飯綱町における高齢者の新しい暮らし方の提起 ②都市・農村の共生へ —新しい産業と若者定住の促進	2015年6月～11月	要請16人 男性7人、女性9人
4次	①日本一住みたいまちづくり —20年後のために今なすべきこと ②魅力ある農業再生をめざして	2018年11月～	公募1人、要請14人 男性9人、女性6人

年齢・性別構成（人）

性別／年齢	20代	30代	40代	50代	60代以上	合　計
男　性	0	1	13	4	16	34
女　性	1	4	7	5	7	24
合　計	1	5	20	9	23	58

注：1－4次の累計。
出所：筆者作成。

（男性34人、女性24人）です。政策提言したテーマやサポーターの構成などは表をごらんください。

テーマ設定から提言書の完成まで

政策テーマの設定から提言書の完成、町長への提出までのプロセスは次のとおりです。

①テーマは、全員協議会などで議論を重ね、2テーマに絞り込み議会が決定する。

②テーマの概略を議会報に発表し、政策サポーターを公募。応募者が少ないので、年齢、地域（集落）、男女などを考慮し、議員がテーマにふさわしい候補者を決め要請する。

③政策サポーターが決定したら、議長から一人ひとりに委嘱状を渡し、学習と議論を開始する。それぞれ7～10回の会議（夜が多い）を重ね、提言書にまとめる、座長は常任委員長。

④町長に提言書を提出。町長は課長会議などで議論し、その結果を書面で議会に報告。

政策づくりの議論の主なポイントとして、①現状把握と分析（関係資料は議会事務局が準備）。②問題点の解明。③行政が取り組むべき政策課題の整理、を重視しています。サポーターの皆さんからは、とくに地域の様子、住民生活の実態と要望など、リアルな発言が多く、議会として新しい発見もあり、政策づくりの参考になっています。時間外保育料の一部無料化の提案は、子育て中の若い女性サポーターからでした。

政策提言書を町長に提出（2016年12月）

町長は積極的に受けとめ、実行

議会の政策提言に対して、町長はこれまで積極的に受けとめ、町の行政施策に可能な限り生かすという基本姿勢でいます。

提言は課長会議や担当課のなかでも検討され、議会には書面で回答があります。これまでに人件費の一部削減、時間外保育料の一部無料化（年間約430万円の予算で町は即実行）、地域振興係の新設と集落振興事業の新たな展開、集落対策予算の大幅増額、農家レストランの建設、等々が実行されました。文字どおり議会と町長との善政競争であり、議員としては政策実現の達成感があります。
また議会では、提言内容について予算審議や一般質問の機会にさらに議論を深め、町長、担当課長に実行を求めることも。さらに議会として行政による政策の実行を担保するために議員提案による「集落振興支援基本条例」の制定（２０１４年９月）なども行いました。

「予算・政策要望書」を提出

町の予算は、町の一年間の収入と支出の見積もりであり同時に、住民に対しては、その年度にどれほどの公租公課を義務づけることになるか、またその見返りとして、どんな行政サービスを行って福祉向上に努めることにするかを約束するものです。ですから予算は、直接、住民の生活を左右し、その福祉のいかんを決することになります。

飯綱町議会は、毎年９月に次年度予算編成に当たっての「予算・政策要望書」を町長に提出します。常任委員会と全員協議会で議論を重ね作成します。毎年60～80項目になります。最近は５、６点の重点要望項目を明記することもあります。要望書は、担当課の予算編成のなかで参考にされ予算化、政策化されるものもあります。全体の検討結果は町長から書面で回答がきます。これも議会の重要な政策提言活動として定着させています。

［資料1］

集落機能の強化と町行政との協働の推進のための政策提言書

２０１４年6月17日
飯綱町議会

飯綱町には50集落がある。住宅団地として発足した福井団地や扇平団地を除いて、多くの集落は、１００年以上昔から、農村集落として形成され今日に至っている。それぞれの集落の住民たちは、集落運営に必要な様々な機能を充実させるとともに、独自の歴史と文化を培ってきている。

集落は、住民の社会生活、農業生産の基礎単位であり、集落自治は住民自治の基礎である。町行政の基礎組織としても重要な役割を担っている。

少子高齢化の進行、人口減少社会が到来し、地域社会は大きな変容を見せている。飯綱町に於いて、新しい地方自治、住民自治を進めるためにも、集落問題の解決は重要な行政課題である。

この間、町行政は、企画財政課を中心に集落アンケートや集落懇話会などに取り組み、地域の現状把握に努め、将来の方向性等を探る努力をしてきた。その成果もこの提言書を作成する上で参考になった。

中山間地域の町村における人口減少、高齢化、若者流出等により発生している諸問題は、集落機能の脆弱化の進行として具体的に現れてきます。そこで「チーム議会」として、政策サポーターの知恵を借りつつ、今日の集落問題の解明とその活性化策などを検討しました。政策提言内容は次の通りです。

1　集落の現状と町民の生活維持への不安

飯綱町の集落が現在抱えている問題状況は、個々の集落によっては独自の問題もあるが、多くは共通したものと言える。詳しくは、企画財政課が平成26年3月に発表した「集落懇話会からみる地域の現状と今後の方向性について（報告書）」に示されている。その中で住民の率直な不安・要望・提案などが述べられている。

（1）　集落が現在抱えている共通する問題は以下のとおりである

・過疎化の進行（少子高齢化などによる人口の減少：32地区）
・有害鳥獣被害の増加（17地区）
・農地や山林の荒廃（15地区）
・地域活動の担い手・人材不足（15地区）
・集落の各種役員のなり手不足（13地区）
・祭りや伝統行事など文化の継承（12地区）
・商店の減少（6地区）
・買い物弱者の増大（4地区）
・交通弱者対策や公共交通機関の維持（7地区）
・高齢者世帯（独居老人）の見守り（8地区）
・道路、水路などの維持管理の共同作業（5地区）
・その他　除雪、空き家の増加、安全・防犯・防災、老老介護、結婚・子育て、地域のコミュニケーション不足等。

（2）　人、土地、集落機能という視点からみえてくる本質的な問題

①集落人口の減少

人口の自然減と社会減が同時に進行しており、集落の小規模化が進み、若者の流出と高齢化の進行は、集落の活力を低下させている。

②農林地の荒廃

農林業の担い手不足の結果、「耕作放棄」「農地潰廃」「隣地荒廃」が進み、農林地の管理主体不足が顕在化していている。新規農業参入者も生まれているが、十分カバーしきれていない現状がある。

③集落機能の脆弱化

人や土地をめぐる問題は、視覚的に確認できる。しかし、むら（集落）の機能の低下は忍び寄るように進行している。区や組の役員のなり手不足、集落内の組織や団体の役員不足による縮小や消滅等が起きている。これはまた、男性世帯主を中心とした伝統的な集落運営がひとつの「壁」にぶつかっている、とも言えるのではないか。

④誇りと愛着のそう失

さらに我々が危惧することは、集落機能の脆弱化が進む中で、集落の人々がそこに住み続ける意味や誇り、愛着を失い、集落維持の意欲や主体性を弱めてしまう、いわば「誇り、愛着のそう失」現象が広がることである。

（3） 喫緊の行政課題となっている集落対策の強化

飯綱町の人口動態推移の過去との比較や将来見通しなどの資料からも、「0～14歳」人口の急減、「65歳以上の独居世帯」「75歳以上のみの世帯」の増加などが明らかである。また、最近、「20～30代」女性の人口変化率試算が発表になった。飯綱町では２０１０年比で２０４０年には９９４人から４３９人と

55・8％の急減になっている。集落の機能低下にとどまらず、その存立自体が問われ、自治体運営が一層難しくなることが予想される。

人口減少、集落機能の低下をめぐる諸問題は社会状況の大きな転換現象であり、今や全国の自治体が直面する重大な行政問題ともなっている。我が飯綱町もしかりである。

しかし、今日の時点で、行政・議会・住民が現状と問題点をリアルに認識し、将来に起こりうる事態への想像力を働かせつつ、適切な対策を総合的に講じていくなら、集落の新しい未来を開くことは可能であると、議会は考えている。

そのためには、何よりも集落住民の皆さんの主体性の発揮が基本となる。歴史的に培われてきた集落運営の知恵を今後も活かすとともに大胆な改善も必要となる。同時に、町行政がそれを積極的に支援していくことが重要である。そのためにも集落と行政との新たな協働関係を構築していくことが求められる。

2　集落自身の努力、行政の支援、協働の推進

人口減少、少子高齢化が進む中で、「縮小社会」を前提に、住民の住み続けたいとの意向を尊重し、地域の「絆」の再生とともに暮らしの安定、安心を確保することは、町行政の責任である。また、それぞれの集落の実情は様々であり、集落自らが対策を明らかにし実践していくこと、つまり主体性の発揮が何よりも重要である。さらに基本的姿勢として、多様な主体の連携、集落外の力の活用、取り組むための柔軟な枠組みなどが重要となる。

（1）　集落の住民自身が機能強化に取り組むための課題と方策

①これまでの伝統的な集落運営を改善し、発想の転換を図る。

・男性世帯主中心の集落運営を改善する。とくに区・組の様々な組織に女性を積極的に登用するなど、女性の感性と知恵、生活体験等を集落運営に活かすことは新たな変化を生むことにつながる。

・地域の決め事の場合、夫婦単位、家族単位で集まって方向を決めることも一案である。男性世帯主だけの意向で決めない。

・次世代にバトンをつなぐために、集落に生活している若者、I・Uターン者たちの発想や提案を尊重するなど、その実力を発揮できるようにする。

②「65歳以上は高齢者」という固定的観念を再検討する。実際、どの集落でも60代～70代の人々は農業経営の重要な担い手となっている。また、区・組・団体などの役職も担っており、文字通り、集落運営の中心部隊である。生産年齢人口でもある。発想の転換が必要になっている。

・65歳以上の人口比率で限界集落を捉えるのは、現実を直視しておらず無理がある。人生１００年時代、70歳代は働き盛りで地域の主役である。80歳代でも農業の基幹的従事者になっている人も少なくない。

③集落にふさわしい農業経営の新しい方策を検討し実践する。
（例えば、集落営農、「ゆるやかな共同」、機械の共同利用、新たな担い手の参入の促進、放棄地の共同管理と活用など）

④集落外にいる出身者（地域外の人々）を準集落構成員と位置づけ、その力を集落機能の強化に活用する方策を検討し実践する。（例えば、20～30㎞の近隣市町村に住む息子、娘、兄妹、いとこ等の人たちとの連携など）

⑤集落の人々による共同の力を発揮して、多様な取り組みにより生計維持をはかる努力をする。

（例えば、農家民泊、小さな直売所の開設など）
⑥集落自身が人材育成に努める。学び合いと話し合いの機会を持つようにする。
⑦農業経営者の高齢化、担い手の不在により、不耕作化する優良農地を「農地集積バンク」機構を通じ、借り手さがしなどに協力する。

（2）　町行政の役割と取り組むべき課題、方策
①集落の自然環境は公益的機能を有しているため、その保全と集落内の道路水路等の公益的機能の維持を図る。
②各集落の実情に応じた生活環境整備を図る。
③町の基幹産業である農業を中心とした産業の発展を図るとともに、遊休荒廃地対策を進める。
④現状では集落維持の中心は高齢者であるため、高齢者が住み慣れた集落で安心して暮らすことを支援する。集落が活性化し、増え続ける社会保障費の抑制にもつながるため、高齢者が生き生き暮らせる集落づくりの推進を図る。
⑤集落機能の維持のためにも空き家対策も含め、移住対策と定住促進を図る。
⑥すでに集落維持が困難になりつつある小さな集落は、課題ごとに近隣集落との連携を進める。
（例、「○○○集落連携協定」）
⑦集落振興は、一義的には住民が自主的、主体的に取り組むことが重要である。その取り組みに対し人的・財政的支援を積極的に行う。
⑧集落問題にワンストップで対応する窓口となる「集落支援室」（仮称）を設置し、支援体制を確立する。その下に職員の地域担当制を機能させる。地域の課題を住民とともに研究調査し、「集落活性化計画」

（仮称）を作成し実行する。

なお、以上の課題は、各集落の実情に応じて行う。常に住民と行政との協働の理念のもとで進めることが重要である。

この政策提言書は議会が設置した政策サポーター制度により、8名の住民の方々にも参加いただき、いわば住民と議会の共同作業として、学び合いと自由な意見交換を重ねた成果として結実したものである。町行政におかれては、この提言書を積極的に受けとめていただき、一日も早く実践されることを切望している。

また、議会は、「集落機能の強化と行政との協働」を町行政の今後の重要課題として、その取り組みを持続的、系統的なものとするために、「飯綱町集落振興支援基本条例（仮称）」を議会提案の条例として制定したい、と考えている。

この政策提言から3カ月後の9月定例議会で、議員提案による「集落振興支援基本条例」を可決しました。この条例制定に至った動機は、飯綱町にとって集落対策は、10年20年かけ持続的、計画的に取り組むべき重要な行政課題であると、議会は考えたからです。地域の課題を集落の視点で考え支援する町行政の役割と責務、具体的支援策を義務づけ、議会に報告し、町民に公表することにしました。

町行政にとって、地域経済、子育て支援、医療福祉、教育、防災などいわば横軸の事業実施とともに、集落対策は縦軸の事業になるかと思います。したがって、縦軸と横軸の事業が総合的に前進するなら、住民福祉を向上させ誇りと愛着のもてる地域づくりは可能になると思います。

〔資料2〕

平成26年9月26日条例第29号

飯綱町集落振興支援基本条例

目　次

飯綱町は、「故郷の原風景」と言われるほどの豊かな自然と美しい景観に恵まれています。また、四季の移ろいもはっきりしており、生産されるリンゴやコメなどの農産物も、全国有数との評価を受けています。

しかし、飯綱町の大多数の集落は、社会情勢の変化の中で、人口減少と少子高齢化の急激な進行により、農地や山林の荒廃地の進行や空き家の増大などとともに、集落の様々な機能の低下現象が顕在化し、このまま放置していたら、将来には、集落そのものの維持・存続が厳しくなることが危惧されます。
集落振興とその機能の強化は、町行政にとっては喫緊の課題であり、集落にまだ主体的な力ある今が重要な時期であり、21世紀型の地域づくりの出発点でもあります。
そこで、飯綱町で町民がいつまでも暮らし続け、そして、暮らせてよかったと思える本当の「故郷」とするため、この条例を制定します。

第1章　総則

（目的）
第1条　この条例は、飯綱町集落の振興について、町の責務と町民の役割を明らかにするとともに、集落の振興に関する施策の基本となる事項を定める事により、集落の振興を総合的に支援し、もって、集落機能を強化し、町民誰もが各集落で、いつまでも暮らし続けられる地域社会の実現を図ることを目的とします。

（定義）
第2条　この条例において、集落とは町民生活の基礎単位である各区及び各組並びに町長が認める行政を単位とした区域を言います。

第2章　集落振興支援の基本理念

（基本理念）
第3条　町が支援する集落振興は、次に掲げる事項を基本理念として行わなければなりません。
（1）集落の振興は飯綱町総合計画の理念に基づき地域住民等との「協働」を基本とし、活動の展開が図られること。
（2）集落の振興は地域全体の問題として、特に地域を支える女性や若者等多様な主体者の協力の下、持続的な取組が図られること。

（3） 地域住民が将来にわたって安心して、生き生きと暮らし続けられるようにすること。

第3章　町民と共に進める集落振興支援

（町の責務）

第4条　町は、町民誰しもが各集落で、安心していきいきと暮らせるよう、集落の振興を支援する総合的施策を計画的かつ持続的に実施しなければなりません。

（町民の役割）

第5条　町民は、町がこの条例に基づき実施する施策に協力するよう努めるものとします。

2　町民は、自主的かつ主体的に集落の振興を図るよう努めるものとします。

第4章　集落振興支援の具体的指針と公表手続

（施策の策定等に関する指針）

第6条　町は、集落の振興を支援する施策の策定及び実施に当たっては、次に掲げる事項を基本とし、各種の施策相互の連携を図りつつ、総合的かつ計画的に行わなければなりません。

（1） 集落の自然環境を保全すること。

（2） 集落の公益的機能の維持を推進すること。

（3） 集落の個別課題に対応した生活環境の向上を図ること。

（4） 集落における遊休荒廃地対策を図ること。

（5） 集落の産業の振興を図ること。

（6） 集落の高齢者が生き生きと暮らせる施策を推進すること。

（7）集落における空き家対策も含め、定住促進を図ること。
（8）集落を超えた連携を推進すること。
（9）集落の振興に資する自主的かつ主体的な取組を支援すること。
（10）集落の課題を住民とともに調査研究すること。

（施策の取組方針等）

第7条　町長は、前条に定める指針にのっとり、集落の振興を支援する施策を総合的かつ計画的に推進するため、集落の振興を支援する施策の取組を「集落支援プログラム」にまとめ、毎年度、議会に報告するとともに、町民にこれを公表しなければなりません。

（年次報告）

第8条　町長は、毎年、「集落支援プログラム」の実施結果、成果や課題等について議会に報告し、これを公表しなければなりません。

第5章　集落振興支援の推進及び見直し手続

（推進体制の整備等）

第9条　町は、集落の振興を支援する施策を策定し、及び円滑に実施するため、職員の地域担当制等必要な体制を整備するとともに、財政上の措置その他必要な措置を講ずるものとします。

（町民の意見等の施策への反映）

第10条　町は、町民の意見及び集落の現状を把握し、集落の振興を支援する施策に的確に反映させるために必要な措置を講ずるものとします。

第6章　補則

（委任）

第11条　この条例に定めるもののほか必要な事項は、町長が別に定めます。

附　則

この条例は、公布の日から施行する。

議会からの集落問題に関する政策提言と条例制定を受けて、町行政は、２０１６年から新たに「飯綱町集落創生事業」を始めています。この事業の目的を「日々の営みと暮らしの根幹である地域集落において、地域住民が自主的・主体的に地域の未来について考え、課題を見出し解決していくことで将来にわたり活力ある集落として維持・発展させていくこと」としています。

第一段は、『計画策定事業』で集落の将来計画を策定する取り組みを支援。委員会には若者と女性の委員を半数以上参加してもらうことが条件となっています。一集落当り上限５万円の交付金を支給（13集落、２０１９年３月現在）。第二段階は、「計画実施事業」で策定した集落の将来計画に基づく取り組み、事業に対して支援。一集落当たり３００万円を上限に交付金を最大５カ年支援するとしています（６集落、２０１９年３月現在）。議員は、それぞれの出身集落でこの事業実践の先頭に立つことが求められています。

10　開かれた議会と住民参加
――議会だよりモニター制度

新しい地方議会づくりの第三の柱は、開かれた議会の推進と住民参加を広げ、議会・議員の活動を「見える化」することでした。このことはまた、住民の自治意識を高め、地域民主主義と住民自治の前進にもつながると考えています。合議制の議会の任務は、議会審議への多様な民意の反映にあります。そのためには、「議員の内々の集まり」から脱却し、住民参加型の議会を実現することです。住民に開かれ、住民とともに歩もうとする議会側の努力なしに、住民は議会の存在価値を実感できないのではないでしょうか。飯綱町議会はこの間、多様な方法で議会への住民参加に努めてきました。

「町民と議会との懇談会」を開催

２００８年に「第一回議会報告会」を開催した時のことです。議会側からの報告を進めていると、突然、参加者から「議員の報告は

表１　「町民と議会との懇談会」開催状況

年	回	参加者（人）
2008 年	2	32
2009 年	3	54
2010 年	1	29
2011 年	1	36
2012 年	3	31
2013 年	3	29
2014 年	4	41
2015 年	0	0
2016 年	2	70
2017 年	6	144
2018 年	7	95
合計	32	561

出所：筆者作成。

町内女性団体との懇談会の様子（2018年）

中止して、今日は我々の意見を聞いてほしい」との提案がありました。終了後、議会は反省し、二回目から、住民の要望、意見を議会側が十分に聞く機会と位置づけ、名称も「町民と議会との懇談会」に改めました。

以来十年間、地域別、テーマ別、各種団体との懇談会を毎年開催してきました。具体的には、「保育園・小学校の統廃合問題」「町立病院の今後のあり方」「議員定数・報酬問題」「町農業活性化」「女性団体」「若手経営者の会」「子育てママの会」「町体育協会」などと意見交換を進めてきました。さらに最近は集落へ議員が3、4人で出かける出前講座にも取り組み始めています。

休日・夜間議会、中学生議会を開催

開かれた議会、議会活動の「見える化」のためにも、住民の議会傍聴の機会を増やす努力は、議会側の責任です。定例会一般質問を日曜日に行った休日議会（2014年6月、3日間で傍聴者60人）、議場で町民が町長に質問する「模

第１回「中学生議会」を開催。その後2016年、2019年にも開催した。「ふるさと飯綱町へ─15歳の提言」が共通スローガン

擬議会」（２０１５年7月、町民6人が登壇）、全中学生が参加した「飯綱中学生議会・２０１１」（２０１１年10月）、飯綱町の中学3年生全員が参加し、半年間調査研究し、６テーマ18チームが町長に提案した「中学生議会──ふるさと飯綱町へ15歳の提言」（２０１６年10月）などの取り組みを進めてきました。模擬議会や中学生議会での質疑内容は「議会だより・特別号」を発行し議会として全世帯と全中学生に配布しました。中学生議会は、主権者教育としての役割もあり、中学校、行政、議会が協力し、２０１９年度にも開催予定でいます。

「議会だよりモニター制度」を新設

インターネットの時代とはいえ、議会が定例会ごとに年４回発行する「議会だより」は、議会の広報広聴活動にとって重要な役割を果たしていま

す。住民に読まれる身近な広報誌にするために、いかに編集するかは議会人の共通の悩みであり、知恵の出しどころでもあります。

そこで飯綱町議会では、それまで8人だった「議会だよりモニター」を2014年から57人に増員、「議会広報モニター設置要綱」（2014年7月）を作りました。この制度の目的は、「議会だよりの充実で住民と議会との結びつきをより強めるとともに、住民の意見を議会だよりの編集に活かし、議会・議員活動にも反映させること」にあります（第1条）。モニターの任務（第5条）は、「随時『議会だより』の内容および編集に関して提言するとともに、議会の依頼に応じてモニター会議や座談会への出席、アンケートへの回答、調査事項への協力」などとなっており、任期は2年です。

表2 「議会だよりモニター」参加者

回次・期間		性別・人数（人）		
		男	女	計
第1次	2008年5月1日～2010年4月30日	4	4	8
第2次	2010年5月1日～2012年4月30日	2	6	8
第3次	2012年5月1日～2014年4月30日	3	5	8
第4次	2014年8月1日～2016年7月31日	31	26	57
第5次	2016年8月1日～2018年7月31日	23	27	50
第6次	2018年8月1日～2020年7月31日	22	24	46
合　計		85	92	177

出所：筆者作成。

これまでにのべ177人の町民の方々にモニターを経験してもらいました。議会への住民参加としても一定の前進となりました。

モニターの組織は、公募と議員の推せんする者から選考、その際とくに、議員がいない集落（現在50集落のうち議員のいない集落は40）、また女性と若者を重視しています。

モニターには「議会だより」発行時に、アンケート用紙を担当議員から配布し、後で回収します。郵送ではなく直接手渡しですので毎回ほぼ１００％回収できています。

アンケート内容は、「表紙・見出し」「写真の扱い方」「誌面構成」「議会だよりを通じてほしい情報」「議会、町行政に対する自由な要望、意見など」となっています。回収したアンケートは一覧表にし、議会として①「議会だより」の紙面改善に毎回生かす。②要望、意見、批判などは、行政側にも伝え、議会・議員活動に反映させる。③重要な問題には「議会だより」で回答（「疑問にお答えします」）することにしています。アンケート記入のために、二回、三回「議会だより」を読むモニターもいます。

この人たちのなかには議会の活動をまわりの住民に伝えてくれる人もいて、いわば議会の応援団でもあります。

開かれた議会、議会への住民参加の多様な取り組みでわれわれが得た教訓は、よく住民は行政や議会に関心がないと議会側が勝手に決めつける傾向がありますが、住民は、意見、要望、批判など、場があれば、みな積極的に発言してくれるということです。モニターからは毎回１５０〜２００項目の意見、要望、指摘、批判などが寄せられます。つまり、住民に発言の機会、場を議会側が積極的に提供し、議員は聞く力を持つことこそが大事だということです。そして、住民と議会との幅広い交流、意見交換は、住民自治の裾野を広げていくことにもつながり、議員のなり手を増やす一助にもなりうると考えています。

2017年から毎年『議会白書』を発行。町民に議会活動を検証してもらう

『議会白書』を発行、検証してもらう

２０１７年から『議会白書』を発行しています（２０１７年度版は、１９３頁）。これも議会改革の一環です。毎年、議会および議員の活動をまとめ、情報を発信しつつ、住民に議会・議員活動の検証を求めることにしています。２０１８年度版からは、議員個々の自己評価を記載しています。

11　議会改革を支援する議会事務局の強化を

地方議会改革が前進すると議会活動が量的に増大し質も変わってきます。すると二元代表の一翼を担う議会の日常的活動を支え、議会と表裏一体をなす議会事務局の体制強化はきわめて重要となります。

地方自治法（以下、「法」という）は「市町村の議会に条例の定めるところにより、事務局を置くことができる」（第138条第2項）と定めています。都道府県の議会には必置規定ですが、市町村は「できる規定」となっています。

各種調査によると、議会事務局職員数は、自治体の規模により大きく異なりますが、町村議会の場合、嘱託、臨時の職員も含め1～5人のところが多く、また、監査委員会や選挙管理委員会の事務局を兼務している例も少なくありません。

議会が追認機関であった頃の事務局

わたしも長い議員活動の中で、近隣市町村も含め多くの議会事務局職員と接してきました。議会が追認機関であった頃の議会事務局は、執行機関に従うという範囲から逸脱しない議会運営を通常の仕事としていました。山梨学院大学の江藤俊昭教授は『自治体議会学』（ぎょうせい）の中で研修会後の懇談の場で、「議会事務局の役割は、執行機関の邪魔にならないように議会をリードすることだ」と公然と主張する議会事務局長に非常に驚いたことを書かれています。「議会と議員の様子を首長に報告するのが自分の役目だ」と〝自覚〟する局長にわたしも会ったことがあります。ですから執行機関（首長）にとって都合の良い職員が議会事務局に配置されていました。そして主な業務を「総務（庶務）」と「議事」機能に特化する傾向がありました。これらは内向きの業務となっており、議会機能の強化や議員の成長には十分に貢献していなかったように思います。

議会改革の前進へ、議会事務局の強化を

地方分権改革が進むなかで、地方自治体の自主性、自立性の向上とともに自己決定権が拡大し、議決機関である議会の役割と責任も一層大きくなりました。また議会改革が前進すると議会基本条例が示した議会像――「政策提言のできる議会」「町長と切磋琢磨する議会」「住民に開かれた議会」など――の実現に向け議会と議員の活動の幅は大きく広がります。したがって議会事務局の体制を「質」と「量」の両面から強化しなければなりません。特に議会が政策立案や条例制定機能を発揮するために、事務局に政策法務の幅広い専門的知識の蓄積が不可欠となります。

また、議会の政策立案や監視・批判機能を強化するためにも、独立した議会事務局体制とするよう

法律に規定することが求められます。職員については原則として首長が人事権を持っており、市町村の財政状況や長の政策判断により議会事務局職員数にも影響があります。そこで、議会事務局は執行部から独立した機関であることを法に規定することで、議会事務局が中立公正の立場で議会活動を支えることが可能となります。職員も力を発揮しやすくなるでしょう。この件については全国町村議会議長会も政府に要望しています。

事務局職員を議長が指名

法第138条5項は、「事務局長、書記長、書記その他の職員は、議長がこれを任免する」とあります。わたしは議長に就任してからこの議長権限に基き議会事務局にふさわしい人材を集めるために、町職員の中から指名することとし、町長と協議しました。はじめは、町長もかなり抵抗しましたが、法が認めている権限を主張し妥協しませんでした。指名の際には、①調査研究、政策立案能力があること、②新しい行政課題に挑戦する意欲があること、を条件に副議長とも相談しながら対応してきました。

議長8年間に、4人の事務局長、3人の書記に事務局で働いてもらいました。2人の事務局長は、退任後に役場職員を退職でしたので、時には町長や課長とのあつれきもありましたが腰をすえて、議会改革の前進に力を尽くしてくれました。係長から抜てきした事務局長も2人いました。A局長は任期中に議員提案で可決、制定した「集落振興支援基本条例」の素案を作成してくれました。この条例は、その後町が進めている「集落創生事業」のスタートになりました。T局長は、新たに『議会白書』作りを提案し、自ら第1号「平成27年版」を作成してくれました。この毎年の『議会白書』発行事業は、次の局長にも引き継がれ、議会・議員活動を住民に検証してもらう情報提供の役割を果たしています。

このように7人の事務局職員は、文字どおり、議員と一体となり議会改革の前進と、議会・議員活動の支援者として力を発揮してくれました。そして仕事の達成感ややりがいを実感していたようです。その後の人事移動で長部局に戻り、企画課長、産業観光課長、総務課長の任につき、町の長い懸案事項を解決する仕事もされています。

わたしの議長経験から、議会事務局は、住民の立場で仕事ができ、地方自治、住民自治というものを肌で感じることができる場所であり、本人の努力次第で、役場職員として最も成長できる部署ではないか、と思っています。なぜなら、予算・決算、条例の制定・改廃、各種長期計画、財政運営などのさまざまな議論の現場に身を置くことで、町行政の現状を全体的に把握でき問題意識を豊かにすることができます。また、一般質問での町長と議員の議論から、住民福祉向上への行政の新たな課題の発見も可能です。何よりも住民に仕え、二元代表制を意識する基本姿勢が求められます。最近は町長も「議会事務局人事は、町職員の幹部政策の視点からも考える」と発言するなど認識は変わりつつあります。

２０１８年で13年目を迎えた「マニフェスト大賞」（主催・マニフェスト大賞実行委員会、共催・早稲田大学マニフェスト研究所、毎日新聞社、後援・株式会社共同通信社）には毎年全国の県・市町村議会と議員から多数の応募があります。その中から選ばれ優秀政策提言賞や優秀成果賞等を受賞した議会代表の発言を聞いていると、議会改革で前進的成果をあげている議会には、必ず意欲ある議会事務局長・局員の存在があります。全国の地方議会改革の草分けである北海道栗山町議会で議会事務局長を8年間務め、議長とともに議会改革を推進した中尾修氏は、「議員の皆さんが、二元代表制のもとでしっかりと対当局と渡り合っていると、そこが見えるから、議会事務局もゆずれない」と語っています。議会事務局職員は、住民のために真剣に活動する議会の姿を見て議会を支援する決意を固めます。

今後、議会改革が進み議会の監視、批判機能、政策提言機能が向上すると、議会事務局職員の能力、力量の向上も求められます。そのためにも事務局職員の学習と研修の機会を組織的に保証する必要があります。最近は、「議会事務局実務研究会」（関東地方が中心）、「議会事務局研究会」（関西地方が中心）など自治体を超えた議会事務局職員の研究会が本格化し、横のネットワークも活用した情報交換や学習と研究の機会となっています。その成果が議会改革の前進と議員支援に反映されることが期待されます。

議会図書室の充実を

法第100条第18項は、議員の調査研究のために図書室を議会に設けることを義務づけています。しかし、大半の町村議会の図書室の現状は、議会事務局の部屋に少数の議会運営関係書籍が置かれている程度で、きわめて貧弱な状態です。町村行政が多様化、高度化する中、議員の政策力向上のためにも充実させ活用したいものです。

12　議会改革と議長のリーダーシップ

地方議会改革が始って十年余が経過しています。首長の追認機関から脱して、議会の本来の機能を発揮しつつ、新しい地方議会へと前進する議会が全国に広がりつつあります。マニフェスト大賞（2018年で13回目）を開催し審査委員長を勤めてきた北川正恭氏は、地方議会改革は今日、2期目の実質的改革期をむかえており、「第2期改革時に最も求められる議会改革の第一歩は、二元代表制の一元を担う議会の代表者である議長の覚悟をもったリーダーシップ」にある、と述べています（『自治日報』2018年10月12日付）。8年間議長として議会改革を推進したわたしの経験からも、この指摘に同感です。

議長選挙を契機に改革を前進させる

議会改革の実践で新しい地方議会をつくり出し、住民自治の発展と住民福祉の向上、持続可能な地域づくりのためには、議長のリーダーシップ発揮が不可欠と思います。

飯綱町議会では、合併による新町発足以来の5回の議長選挙（申し合わせにより2年任期）が、議会改革前進の契機となりました。

すでに旧牟礼村議会の時代から、正副議長の立候補予定者が、本会議での選挙の前に議会全員協議会で所信表明と質疑を行う制度が定着していました。毎回の議長選挙では、議会の役割と責任、改革課題とその進め方、長との関係や距離などをめぐって活発な議論が展開されてきました。当初は「議会は首長の追認機関ですよ」と発言する議員もいましたが、最近は口にも出せない状況に変わってきました。議会改革は議員の意識改革であることを実感しています。

わたしも4回の議長選挙を経験、3回目から「議長選挙マニフェスト」を発表し（別の立候補者も発表）、議会改革の到達点と今後の課題について議論を重ね前進してきました。因みにわたしのマニフェストでは、次のことを主に主張し、議員の評価と判断を求めました。

3回目の議長選挙（2013年）マニフェスト

議会基本条例の全面的実践で質の高い議会、議員活動をめざす。議長として議会の民主的運営に努め、「学ぶ議会」と「自由闊達な議論」を議会運営の基調とし、政策的にも組織的にもリーダーシップを発揮したいと決意を表明。具体的には、①議会基本条例（以下「基本条例」）に立ち返り、到達点と今後の重点課題について議員全員の共通認識としたい、②基本条例を具体化した「議会の年間活動計画」を立て積極的に取り組む、③「議員定数・報酬等調査研究特別委員会（仮称）」を新設し、議会として結論を出し、住民とともに協議していく、④「住民と議員との懇談会」を全集落で実施し、町民と議会の溝を埋めていく、⑤政策サポーター制度を充実させ、「未来の飯綱町と住民の姿」を議会として政策提言していく、⑥「集落振興支援基本条例」を議員提案で制定し、行政とも協力し人口減少時代の集落対策を強化していく、⑦町長提案の副町長人事案件に関しては、議会運営委員会で協議し、議会として予定者本人から、所得表明を受け質疑を行う機会を検討したい、等々について提案し、判断を求めました。

4回目の議長選挙（2015年）マニフェスト

七年余の議会改革の実践の成果と到達点を明らかに、議会力の一定の向上に確信をもつとともに、今後は議員力の向上が重要課題となっていることを強調。人口減少・高齢化、若者流出の時代に、持続可能な町づくりへ、議会の政策提言で町行政発展の一翼を担う議会をめざす。具体的には、①町民の幸福論を追求し、地域における新しい働き方、暮らし方の〝飯綱町モデル〟を研究し政策提言をしたい、②議員のなり手不足問題について町民の方々との意見交換会をもち、住民自治発展の方向で対策を明らかにしたい、③開かれた議会、議会への住民参加を一層進め議会活動の「見える化」をはかりたい。④議員の力量向上のためにも、研修旅費の増額を町長に申し入れるとともに、政務活動費支給条例の制定を検討したい。等々の提案を行いました。

所信表明後に質疑応答まで行っている議会は少ないようですが、議員の合意により議会改革を前進させるうえで、これも重要なプロセスであると、わたしは考えています。

議長を名誉職とする〝古い議会体質〟

議長選挙を新しい地方議会をつくり出す契機とする市町村議会が増えつつある一方で、立候補制を採用せず非常に不透明な議長選挙をつづけている県市町村議会もあります。任期を申し合わせで1年とし最大会派を中心に名誉職を順次分け合っていくという議会も、県議会をはじめ少なくないようです。そこでは会派間の力関係（議員数）や水面下での「裏取引」（委員長などのポスト配分）により議長が決められていく、なぜこの人が議長になったかは、会派間交渉や多数派工作に参加した議員にしかわからない。ましてや一般の住民は知る術もありません。住民に信頼される新しい地方議会づくりの流れをいまだ認識できないでいる〝古い議会体質〟と言わざるを得ません。古い議会の議長は、議会代表者としてのリーダーシップの発揮は求められず、本会議で議会事務局作成の議事次第書を読みあげることが主な役割になっているようです。

長野県の比較的小規模の町村議会には10年以上、議長職に就いている方もいます。県町村議会議長会の役員構成（会長、副会長、理事、監事、計８人）は、申し合わせにより議長歴の長い町村議長がそれぞれの役職に就くことになっています。出身議会の議員選挙でなり手不足のために立候補者が定数に満たない欠員が生じても、「立候補しない住民が悪い、強い候補がいたら新人が出にくいのはあたりまえ」と公言する、議会改革と無縁なこのようなリーダーのもとで、長野県下の町村議会が発展するはずもなく、きわめて不幸な事態と言わざるを得ません。

議長として議員の成長を支える

議会の代表者としてさまざまな役割を果たすことが期待されている議長にとって、大事なことは、議長自身が学び成長する姿を議員に示し、信頼を得ることです。誰よりも自治体の行政施策全体に精通し、住民要求と地域運営の新たな政策課題等に関して豊かな問題意識をもつことで、議員間討議を組織しリードすることができます。

議会を民主的に運営し、議員一人ひとりの「議論する力」の向上に力を尽すことも議長の役割です。「学び合い」と「自由な討議」、さまざまな研修や経験交流等を重ねていくと議員は成長していきます。全員協議会の議論では、全議員に発言を促し、論点、争点を整理しつつ、お互いに認識を深め合い、時にはお互いに考え方を変えて合意に至ることも合議制を特徴とする議会だからこそ可能です。議長は、議会を構成する議員の力を伸ばしていけるような議会活動を創意工夫し追及する必要があります。力のある議員が、力のある議会をつくり、力のある議会が力のある議員を育てるという循環が生まれてくることが実現し定着したら、議会という組織の力量は確実に前進できると思います。

新人議員研修会を実施

わたしが議長になって、はじめて「新人議員研修会」開催を制度化し、今日まで続いています。当選後、行政・議会経験のない多くの新人議員は、行政・議会という全く新しい世界に足を踏み込み議員活動をはじめることになり、不安もあるかと思います。したがってこうした研修会は新人議員にとってきわめて重要かと思います。具体的な研修内容については本書の36頁をごらんください。

議長に議会招集権を付与すべき

議長を経験するなかで、議会招集権がなぜ二元代表制の一元の代表である議長に付与されていないのか、ずっと疑問でした。わたしは、議会の招集権は本来、議会側にあるべきで、必要に応じて議会を開催できるように議長に与えるべきと考えています。

第12回マニュフェスト大賞（2017年）で、グランプリを受賞。北川正恭実行委員長から表彰状を受ける（2017年11月）

地方分権改革によりこの件については、地方自治法（以下「法」という）の一部改正がありました。平成18年の法改正により「議長は、議会運営委員会の議決を経て……長に対し……臨時会の招集を請求することができる」（法第１０１条2項）となりました。また２０１２（平成24）年の同法の改正により「第2項の規定による請求のあった日から二十日以内に……長が臨時会を招集しないときは……議長は、臨時会を招集することができる」（同条5項）となりました。さらに「第3項の規定（議員定数の四分の一以上の者による臨時会の招集の請求）による請求のあった日から、二十日以内に……長が臨時会を招集しないときは、……議長は……臨時会を招集しなければならない」

なっています。

（同条6項）となり、議長権限の一定の前進を見ました。しかし、これらの議長の招集権は条件つきと

同じ住民から選ばれた議会と長という二元代表制でありながら、議会が活動するためには長の招集がなければならず、議会の自主性、自立性の観点からも議長の権限が制限されていることは問題かと思います。議長にも招集権を付与することにより、議会が自ら必要と判断する時期に機動的に議会活動ができるようにすべきと考えます。

飯綱町議会議会改革の歩み（主なもの）

平成20（2008）年

1月	・町にあった第三セクター（スキー場経営中心）の破綻をきっかけに、行政はもとより議会の責任も問われたことを反省し、議会改革について検討をはじめる。 ・1月から約半年間、議会全員協議会や常任委員会、議会運営委員会等で30数回の自由討議や学習会、視察・研修会等を重ね、議会改革の課題等の明確化を図る。
2月	・「議会だより」（全戸配布）を通じ町民アンケートを実施し、173名から回答を得る。
8月	・町民が求める議会像を6点に集約し、町民に信頼される議会をめざし8項目の議会改革課題を決定。町民に周知するために「議会だより・議会改革特別号」を発行し全戸配布。
9月	・定例会一般質問では、試行的に「一問一答方式」と「一括質問方式」の併用を採用。町長には反問権を認める。
11月	・町民に対して議会の議決責任と説明責任を果たすため、「第1回・町民と議会との懇談会」を2カ所で開催、32名が参加。
12月	・定例会から一般質問での「一問一答方式」及び「町長の反問権」を正式に採用する。 ・三セクの経営破綻処理への行政対応をめぐる諸問題が次々と発生し、全員協議会等でそれに伴う学習会や自由討議を12月以降10数回開催。 ・議員定数を18名から15名に改正する条例案を議員発議で可決（次回の議会議員一般選挙から適用）。

平成21（2009）年

5月	・「第2回・町民と議会との懇談会」を3カ所で開催、54名が参加、平成21年度予算の特徴など7つのテーマについて懇談。
10月	・議会議員一般選挙。議員定数が18名から15名に。

平成22（2010）年

1月	・議員間の自由討議等で明らかとなった町の政策課題を集約し、合併以降はじめて「予算・政策要望書」を町長へ提出。
5月	・政策サポーター制度を新設。第1次政策サポーターを委嘱。政策サポーター12名と議員15名の協働による政策サポーター会議を開催。「行財政改革研究会」と「都市との交流・人口増加研究会」の2チームに分かれ、以降それぞれ7～8回の会議を開催。
11月	・政策サポーターとの協働により完成させた「政策提言書」を町長へ提出。町長からは、翌年2月に回答書。 ・「第3回・町民と議会との懇談会」を開催、29名が参加。町長へ提出した「政策提言書」の報告や町農業の活性化、将来についての意見交換を実施。
12月	・一般質問事項に対する町の検討事項の進捗状況等の報告を、6月と12月の定例会の際に議会に提出することを申し入れ、町長と合意する。 ・「予算・政策要望書」を町長へ提出（2回目）。

平成23（2011）年

5月	・「第4回・町民と議会との懇談会」を開催、36名が参加。テーマは「女性の知恵と力を集めて新しい町づくりをすすめよう」。参加対象は女性団体。

10月	・飯綱町発足後はじめての模擬議会「飯綱町中学生議会・２０１１」を開催。中学校校舎改築記念として中学校・町・議会の共催により、７組の生徒代表が町長に一般質問を行う。
11月	・第６回マニフェスト大賞において審査委員会特別賞及び優秀成果賞を受賞。

平成24（２０１２）年

１月	・「予算・政策要望書」を町長へ提出（３回目）。
２月	・第63回全国町村議会議長会定期総会において全国町村議会表彰を受ける。
３月	・「第５回・町民と議会との懇談会」を開催、21名が参加。テーマ「女性の知恵と力で新しい町づくり」。対象は女性及び女性団体。
６月	・定例会で休日議会を開催、27名が傍聴。
７月	・「第６回・町民と議会との懇談会」を開催、10名が参加。テーマは「議会基本条例案」。
８月	・「分権時代に住民自治と町の発展をめざすシンポジウム」を区長・組長会、町、議会の３者共催により開催、約２００名が参加。講師：山梨学院大学江藤教授、名古屋学院大学西寺教授。
９月	・定例会で飯綱町議会基本条例を制定。
11月	・第７回マニフェスト大賞において優秀成果賞を受賞。
	・「予算・政策要望書」を町長へ提出（４回目）。

平成25（２０１３）年

６月	・第２次政策サポーターを委嘱。政策サポーター15名と議員15名の協働による政策サポーター会議を開催。「集落機能の強化と行政との協働」と「新たな人口増対策」の二つの研究テーマに分かれ、以降５～８回の会議を開催、政策提言書にまとめる。
８月	・「第７回・町民と議会との懇談会」を３会場で開催、29名が参加。テーマ「体育活動」、「子育て」、「地元の商

	工業」。
10月	・議会議員一般選挙。
11月	・議会政策サポーター「新たな人口増対策」チームが、「子育て支援のまち・飯綱町」の政策提言書を町長へ提出。
12月	・定例会で議員定数・報酬等調査研究特別委員会を設置。
	・「予算・政策要望書」を町長へ提出（5回目）。

平成26（2014）年

2月	・議員定数・報酬等調査研究特別委員会を開催。
4月	・議員定数・報酬等調査研究特別委員会が群馬県みなかみ町を視察。
6月	・定例会の一般質問を夜間議会として3日間開催、60名が傍聴。
	・町内企業3社の視察研修を行う。企業からの現状や要望等を聞く。
	・議会政策サポーター「集落機能の強化と行政との協働」チームが、「集落機能の強化と町行政との協働の推進のための政策提言書」を町長へ提出。
8月	・議会広報モニターを委嘱。モニター数を8名から57名に増やす。
9月	・定例会で議員提案による「飯綱町集落振興支援基本条例」を可決。
11月	・第9回マニフェスト大賞において、審査委員会特別賞及び優秀成果賞を受賞。
12月	・「第8回・町民と議会との懇談会」を開催、41名が参加。テーマ「保育園・小学校の統廃合問題について」。
	・「予算・政策要望書」を町長へ提出（6回目）。

平成27（2015）年

2月	・第29回町村議会広報全国コンクールで、奨励賞を受賞。

6月	・定例会で地方創生調査研究特別委員会を設置。 ・第3次政策サポーターを委嘱。政策サポーター16名と議員15名の協働による政策サポーター会議を開催。「飯綱町における高齢者の新しい暮らし方（健康戦略）の提起」と「都市・農村の共生へ―新しい産業を生み出し、若者定住の促進を」の二つの研究テーマに分かれ、以降それぞれ7回の会議を開催。
7月	・東北信の議会議員が参集し「地方創生問題研修会」を小布施町にて開催。講師は坂本誠氏。15議会で162名が参加。飯綱町議会が主催した。 ・町民5人が町行政に一般質問を行う「模擬議会」を開催。各団体等の代表が身近な問題で町長に質す。傍聴者17名。
8月	・町と議会の共催によるはじめての「町民講座」を2回開催。講師に杉尾秀哉氏、落合恵子氏を招く。2回合わせて聴講者730名。
12月	・町内企業2社の視察研修を行う。企業から現状や要望等を聞く。 ・「予算・政策要望書」を町長へ提出（7回目）。 ・議会政策サポーターと議員による「飯綱町におけるマスターズ世代の新しい暮らし方の提起」と「都市・農村の共生へ―新しい産業を生み出し、若者定住の促進を」の二つの提言書を町長へ提出。

平成28（2016）年

2月	・全国町村議会議長会第67回定期総会において、飯綱町議会が「平成27年度特別表彰」を受賞。［受賞内容］先進的かつ特に顕著な実績が認められた議会に贈られるもので、議会改革の成果が総合的に評価された。
7月	・「町村議会改革シンポジウムin長野」を開催。飯綱町議会の呼びかけに16町村議会から165人の議員、事務局職員らが参加。今後も継続し年2回程度の開催を予定。 ・議会改革・活性化に関わる先進的な取り組みを研修するため、北海道芽室町議会を視察。 ・「議会白書（127頁）」をはじめて発行。町民に議会活動を検証してもらう。

8月	・町と議会の共催による第3回「町民講座」を開催。講師に法政大学総長田中優子氏を招く。聴講者約300名。
9月	・「予算・政策要望書」を町長へ提出（8回目）。
10月	・議員定数・報酬問題について、約3年にわたり特別委員会において議論を重ね結論に至る。 ・定数は15名の現状を維持・報酬は増額を決定
11月	・「議員定数・報酬問題に関する飯綱町議会から町民の皆さまへの訴え」を発表。 ・「飯綱町議会議員定数・報酬問題意見交換会」を開催。 ・江藤俊昭氏（山梨学院大学教授）による基調講演 ・「議員定数・報酬問題に関する飯綱町議会から町民の皆さまへの訴え」の説明 ・参加者との意見交換会では積極的、建設的発言が相次ぐ ・参加町民は約70人 ・飯綱町議会議員定数・報酬問題に関する要望書を町長へ提出。 ・第11回マニフェスト大賞において優秀成果賞を受賞。［受賞内容］「町村議会改革シンポジウムin長野」の開催や「議会白書」の発行、議会だよりモニター制度の取り組みが評価された。

平成29（2017）年

1月	・「第2回町村議会改革シンポジウム.in長野」を開催。大雪の中、16議会から156人の議員、事務局職員らが参加。
3月	・3月定例会で議員報酬の条例改正（増額）を行う。 ・飯綱町の議会改革を綴った相川俊英著「地方議会を再生する」（集英社新書）が発刊される。
7月	・総務省自治行政局から議会改革の取り組みについてのヒアリングを受ける。 ・「第3回町村議会改革シンポジウム.in長野」が松本市で開催され、飯綱町議会が「政策提言のあり方につい

	て」事例発表。
	・「議会白書」を発行。初めて自己評価を掲載する。
	・政務活動費について研修するため松川町議会を視察。また、スキー場のグリーンシーズンにおける先進的な取り組みを研修するため、富士見パノラマリゾートを視察。
8月	・町と議会の共催による第4回「町民講座」を開催。講師に明治大学教授・小田切徳美氏を招く。聴講者約150名。
9月	・第3回臨時会において政務活動費支給の条例を可決。
10月	・「予算・政策要望書」を町長へ提出（9回目）。 ・平成29年10月22日執行飯綱町議会議員一般選挙において15名が当選。内5名が政策サポーターと議会だよりモニター経験者。
11月	・寺島渉前議会議長が第12回マニフェスト大賞グランプリを受賞。［受賞内容］段階的、継続的な議会改革の推進等。

第2章

議会改革のいっそうの前進のために

議会力、議員力の発揮へ

飯綱町議会議場

現在、多くの地方自治体は、人口減少、少子高齢化、若者の都市への流失等による地域社会の衰退に直面し、その打開策を模索しています。過疎過密による地域間格差の拡大、高度経済成長による産業構造の変化と農林水産業の衰退、グローバリズムによる産業空洞化が地域の諸問題に拍車をかけています。

こうした状況下で地方自治の弱体化も進んでいます。地方における産業と人口の衰退は、地域政策の選択幅を狭小化させており、地方分権改革も財政措置を伴っていません。地方自治の守備範囲は6割以上で税源は4割以下という現実は、財政的貧窮化による政策遂行能力の欠如となっています。これでは、国の地方切り捨て政策に対抗することは困難です。衰退する地方自治の中にあって「住民自治の根幹」である議会がその役割を十分に発揮して、自治体運営の主役となることが期待されています。そのためにも全国の地方議会で議会改革を一層前進させなければなりません。

(1) 議会改革は避けて通れない

構造的、政策的原因による地方衰退の流れをどこかで押し止めなければなりません。地方自治体が、地域政策を意識的に変更しなければ地方の衰退は自然には止まりません。地方復興のエネルギーを、地方切り捨て政策を進める中央政府に求めることは不可能です。地方衰退の痛みを最も強く感じている住民や自治体関係者に復興エネルギーを求める以外にありません。国民主権、住民自治権が存在する以上、主権者たる住民こそ、復興エネルギーを保有しています。

それでは、衰退する地方自治の中にあって、議会は本来の役割を見出せるか、地方議会人に問われているように思います。住民代表として主権者の意思の尊重という原理的正当性、及び二元代表制の一翼を担うという議会機能をまず再確認すべきだと思います。

そのためには、議会改革は今や、避けて通れない問題になっているのです。その理由の一つは、二元代表制のうち、首長は単独代表制であるため住民意思を単純明快で統一的に代表しますが、原理的に全住民の意思は代表しておらず、また複雑な方向性や濃淡のある住民意思を総体として代表することには無理があります。二つは、地方の衰退を押し止めて復興に転ずる大きなエネルギーを住民からもれなく汲み尽くす必要があり、それには住民の総意を代表し得る議会の住民代表制を活用する以外にないからです。

そのための議会改革の方向性として、以下の4点を強調したい。

第1は、既存の制度を十分に使いこなす。第2は、住民意思の総体を代表する機能を高めるためにも、議会自体が住民参加を積極的に活用する。第3は、首長との対等の立場を維持し、地方衰退の原因を解明して、復興策を創造し得るよう、専門性を強化する。第4は、議会の能力を高め、かつ維持するために、議員の成長と後継者の育成を保障する〝しくみ〟をつくる。

(2) 地方議会の復興1＝議会の権限を発揮する

地方自治法（以下、法という）は、憲法によって保障された「地方自治の本旨」を実現するための法律であり、二元代表制の一翼を担う議会の役割を発揮するための制度を、相当程度保証しています。それらを十分に使いこなすだけでも、議論の幅を広げ、飛躍的に議会の活性化が図れると思われます。法律が禁止していない限り、条例により議会の権限や機能を向上させることが認められているので、十分に活用の余地があります。法にある関連条文は以下のとおりです。

［**第96条2項**］条例による議決事件の追加。
［**第97条2項**］予算の増額修正。
［**第98条1項**］書類等の検閲、長等の報告請求、事務等の検査。
［**第98条2項**］監査請求とその報告請求。
［**第99条**］関係行政庁への意見書提出。
［**第100条1～11項**］関係人の出頭、記録提出の請求を含む調査権。
［**第100条12項**］協議、調整行為の議員活動化。
［**第100条13項**］議員の派遣。

〔第100条14～16項〕 政務活動費。
〔第100条17～19項〕 政府刊行物等の送付と図書室の設置。
〔第101条〕 議長、議員の臨時会の招集請求権、議長の臨時会招集権。
〔第102条の2〕 会議の通年会期制。
〔第138条・252条の7〕 議会事務局の設置、議長の任免権、共同設置。

これらの権限は、いずれも議会に与えられた権限であって、個々の議員に与えられた権限ではありません。例えば、調査権があるからといっても、それは、議会で「調査を行う」ことが議決され、初めてできるものであり、しかも、証人を呼ぶには、議会を代表する議長名で、法令で定められた手続きを経なければなりません。このように、議会の権限は、いずれも議会の意思決定に基づいて発動されるものであることをよく理解して活用する必要があります（『議員必携』参照）。

(3) 地方議会の復興2＝住民参加を推進する

住民自治は代議制〈間接民主主義〉を基本としますが、住民意思を代表する程度には限界があります。直接民主主義により民意と代表の意見のズレを是正できるよう、以下の直接民主主義を保証する制度が法により用意されています。

［第12条1項・74条以下］ 条例の制定・改廃の請求権。

［第12条2項・75条］ 事務の監査請求権。

［第13条1項2項・76条以下］ 議会の解散請求権、議員の解職請求権。

住民意思をより正確で詳細に反映するために、既存の制度以外にも直接住民意思を政策に反映する制度が求められます、これが住民参加制度です。

従来、住民参加制度は、首長部局において採用されるケースが多くありました。参加、参画、協同などと呼ばれ、参加の形式は多様です。参加の段階も、構想・計画・決定・実施等と多様です。しかし、参加の効力は曖昧で、しかも首長部局が住民意思を採用するか否かは、全くの裁量である場合が多かったといえます。

議会の住民参加は、個々の議員が住民意思を吸い上げることが前提となっているためか、これまで公聴会など限られた制度以外は、貧弱でした。議員が吸い上げるのを住民が待つ形式でなく、住民の主体性が発揮できる場、機会が必要です。住民福祉の向上のために、必要な個々の住民の意思の総体を把握するには、議会の住民代表制が有効です。議会に住民意思が反映できれば、首長部局の政策への反映が現実的となります。議会は、新たに多様な形態での住民参加制度を準備する必要があります。

(4) 地方議会の復興3＝専門的知見を活用する

産業が高度化し社会の複雑化・情報化が進むと、行政の総合化や専門化は避けられません。専門的能力を有する職員に支えられた首長部局と対等の立場で地方自治を運営する議会も、専門的能力を備えなければなりません。しかし、議員が直ちに専門的能力を身につけることは困難であり、また議員が専門家になる必要もありません。議員を専門家が補助する体制があれば十分です。法が準備している専門家の活用として以下3点があります。

〔第100条の2〕 学識経験者等による専門調査。
〔第109条5項〕 学識経験者等の委員会での公聴会、参考人出頭。
〔第115条の2〕 学識経験者等の議会での公聴会、参考人出頭。

平成18（2006）年の法改正により、議会における議案の審査及び当該団体の事務の調査に関し専門的知見の活用が必要となった場合に、学識経験者等に専門的事項に係る調査をさせることができるようになりました。

議会や議員が、日常的に簡易に利用できる専門家との連携が重要です。そのためにも議会と連携する弁護士や税理士、大学教授などの専門家リストを作成しておき、法100条の2を活用して、議会や議員が電話でも気軽に相談できるような体制ができないか、検討してほしいと思います。

わたしの経験でも、第三セクターの裁判所による特別清算が実行される際、町の財政負担が多額であったため疑問点を整理し、議会代表4人で弁護士に相談したことがありました。

(5) 地方議会の復興4＝議員の成長と人材の育成

議会は、議事機関ですが、首長と対等の立場で相互に独立して抑制と均衡をはかりながら行政を遂行する行政機関でもあります（二元代表制）。

地方議会の二つの機能

議会は議員の合議体であり、議員は住民を代表しているので、議会内には多様な住民意思を代表する多様な議員が存在することが前提となっています。会派制も前提とされています。

他方で、議会全体として力を発揮し、首長に対する独立機関としてこれと抑制均衡を図りながら、また首長を監視、批判しながら、二元代表制の一翼として行政を運営する責務を有しています。

議員は、本来、一方では住民代表として多様な住民意思を主張しながら、他方では異なる意見との調整をし、同時に首長と抑制均衡を図って行政を進めるという困難な立場にあります。この困難に立ち向かわずに、首長への追随によって安易に問題を解消し続けたことが、議会の地位の低下を招いた主要な原因です。

首長は単独制であるため、全住民の意思を代表することは原理的に不可能ですが、議会は複数代表制であるため、多様な住民意思を最大限代表できます。この点が議会の特質でもあるので、議員が多様な意思を代表し続けることを放棄することは、議員としての自殺行為であり、同様に、異なる意見間の討論を省いて安易に多数決を行うことは議会の自殺行為です。

二つの機能の関係

議員または議会が持っている多様な住民意思を総体として代表する機能を果たすためには、少数意見も含めて住民の意思を最大限尊重することにあります。他方で、合議体として首長に並立して抑制均衡を図る機能は、合議体が独立した一つの機関として作用することを求めます。よって、この二つの機能は、一見すると矛盾を抱えているようにも思えます。この点は、議会内に会派があり、会派単位で意見の対立を持ちながら、同時に各会派がまとまって首長と抑制均衡を図ることは可能かという疑問として表出します。

多様な住民意思を総体として代表することは、単独代表制である首長では困難です。しかし、住民自治を実現するためには住民意思を総体として代表し続けることが必要なので、単独代表制によって切り捨てられる住民意思を議会が補わなければなりません。また、合議体が全体としてまとまって、首長との間に抑制均衡を図る機能も、「地方自治の本旨」の実現に必要です。つまり、地方議会の二つの機能は、一見すると矛盾するようにみえますが、二元代表制の役割を果すという点で共通の面をもっています。議会内の多数派が首長と同意見であり議会の監視機能が働かない等の事態は、議員、または議会の二つの機能が統一できていないことの現れです。地方議会の二つの機能が、二元代表制の役割を十分に果たすために必要なものである以上、その役割の十分な理解により克服できると思います。

克服の方向性

議員は、多様な住民意思を総体として代表するために選出されている以上、職業・年齢・性別・学歴・政治的意見・出身地域等に多様性があることは織り込み済みです。むしろ、議会はそのような多様性こそ必要としています。

そのような議員が、一方では住民代表として多様な住民意思を主張しながら、他方では異なる意見との調整をし、同時に首長と抑制均衡を図って行政を進めることは、必ずしも容易なことではありません。しかし、それらの機能は、二元代表制の実現のために存在するので、その理解を深めることにより克服の方向性が見えてきます。

議員に求められるこのような能力は、各議員の生立ちによって自然に備わるとは限りません。しかし、議員としての役割を果すためには、その能力を獲得しなければなりませんので、十分な学習と成長が不可欠となります。

議員が公選制である以上、４年ごとに交代が生ずることが前提となっています。交代期に十分な交代要員が存在することが、議会の量と質を維持するために不可欠です。議員の交代要員の確保を、偶然性に委ねるのではなく、継続的な施策を考え実行する必要があります。

第3章

議員のなり手不足問題の打開策を考える

住民自治の発展策として

北海道十勝郡浦幌町議会「まちなかカフェDE 議会」（浦幌町議会提供）

２０１９年４月の統一地方選挙を目前に、各種メディアは、全国地方議会アンケートを実施しています。その結果から、地方議会の現状と課題、抱えている諸問題が明らかになりつつあります。こうしたメディアの報道が、全国的な議会改革の前進と住民自治の発展につながることを願っています。

(1) なり手不足は全国的に深刻

『朝日新聞』(２０１９年２月22日付)の全国市町村議会アンケート(１００％回収)に関する報道によると、議員のなり手不足が「課題」と答えた議会は６７８議会(37・９％)。「課題」と答えた議会が多い順に、１位鳥取県80％、２位長野県69％、３位富山県63％、４位北海道59％、５位宮崎県56％となっています。特に人口５千人未満の自治体では55％の１４７議会が「課題」と答えています。「課題」と答えた６７８議会の理由の選択(選択肢から複数選択可)では、「人口減、高齢化が進んだ」が３４２議会(50％)、「仕事との両立が難しい」が４０４議会(60％)、「議員報酬が少ない」が３８３議会(56％)、「有権者の関心が低い」が３６４議会(54％)。となっています。このように地方議会のなり手不足問題は、人口減少、高齢化、若者の流出などによる地域の自治力の低下を背景に複合的な要因で起きており、「住民自治の根幹」である地方議会が、今や深刻な事態となっていることを深く認識し、抜本的対策を講じなければなりません。

２位の長野県下の市町村議会の実態をもう少し具体的に検討してみましょう。

表1　長野県内市町村議員選挙の動向

調査対象期間：2014（H26）年12月～2018（H30）年11月
調査方法：各市町村のウェブサイトを閲覧

（単位：人、％）

市町村名	実施年月日	定数	候補者数	投票率	市町村名	実施年月日	定数	候補者数	投票率
長野市	H27･9･13	39	41	42.1	松川町	H28･11･13	14	16	66.1
松本市	H27･4･27	31	42	47.5	高森町	H29･7･9	14	15	68.4
上田市	H30･3･25	30	33	58.1	阿南町	H27･4･26	12	12	無投票
岡谷市	H27･4･19	18	21	59.3	阿智村	H28･11･13	12	14	78.8
飯田市	H29･4･9	23	25	58.3	平谷村	H30･4･15	8	8	無投票
諏訪市	H27･4･19	15	16	53.0	根羽村	H27･4･26	8	8	無投票
須坂市	H27･1･25	20	21	58.0	下條村	H27･4･26	10	10	無投票
小諸市	H27･1･18	19	23	60.2	売木村	H28･6･21	7	7	無投票
伊那市	H30･4･23	21	21	無投票	天龍村	H29･4･23	8	8	無投票
駒ケ根市	H27･4･26	15	15	無投票	泰阜村	H27･4･26	9	10	87.4
中野市	H30･4･22	20	20	無投票	喬木村	H29･6･6	12	12	無投票
大町市	H27･4･26	16	18	61.0	豊丘村	H27･4･26	14	15	75.8
飯山市	H30･10･28	16	17	72.3	大鹿村	H27･4･26	8	9	87.5
茅野市	H27･4･26	18	20	59.9	上松町	H27･4･26	10	10	無投票
塩尻市	H27･4･26	18	20	52.8	南木曽町	H28･4･17	10	11	79.1
佐久市	H29･4･16	26	31	66.9	木祖村	H27･4･26	10	13	84.9
千曲市	H28･7･10	22	26	67.7	大滝村	H29･10･15	6	6	無投票
東御市	H28･11･6	17	18	60.2	大桑村	H27･4･26	10	11	76.5
安曇野市	H29･10･15	22	26	62.6	木曾町	H29･11･12	14	14	無投票
小海町	H28･4･23	12	14	78.6	麻績村	H29･9･17	8	9	74.7
川上村	H27･4･26	12	12	無投票	生坂村	H29･4･30	8	7	無投票
南牧村	H27･4･26	7	7	無投票	山形村	H30･3･25	12	13	58.8
南相木村	H27･4･26	8	9	87.1	朝日村	H27･4･26	10	10	無投票
北相木村	H27･4･26	8	9	89.0	筑北村	H29･10･22	12	14	78.1
佐久穂町	H29･4･09	14	15	75.4	池田町	H27･4･26	12	12	無投票
軽井沢町	H27･4･26	16	22	61.0	松川村	H30･3･18	12	12	無投票
御代田町	H29･9･10	14	16	77.9	白馬村	H29･4･23	12	13	69.7
立科町	H27･4･26	12	13	79.9	小谷村	H30･4･22	10	9	無投票
青木村	H29･4･23	10	11	76.0	坂城町	H27･4･26	14	15	62.9
長和町	H29･10･29	10	11	77.3	小布施町	H27･4･26	14	14	無投票
下諏訪町	H27･4･26	13	14	58.2	高山村	H30･9･29	12	11	無投票
富士見町	H27･4･26	11	13	66.1	山ノ内村	H27･4･26	14	14	無投票
原村	H27･4･26	11	13	62.9	木島平村	H27･4･26	10	13	78.6
辰野町	H27･4･26	14	16	66.6	野沢温泉村	H29･3･26	8	8	無投票
箕輪村	H27･4･26	15	16	67.2	信濃町	H29･3･26	12	13	65.6
飯島町	H29･3･26	12	12	無投票	小川村	H27･9･20	10	11	84.9
南箕輪村	H27･4･26	10	11	57.3	飯綱町	H29･10･22	15	16	66.7
中川村	H30･7･31	10	10	無投票	栄村	H29･4･23	10	12	84.0
宮田村	H28･3･27	12	13	67.4					

出所：長野県住民と自治研究所（傘木宏夫作成）。

『信濃毎日新聞』（２０１９年1月3、４日付）が県下77市町村議会アンケート（１００％回収）の結果を詳しく報道しています。それによると、議会のなり手不足に対し、検討組織を設けるなど対策の具体化に取り組み出している議会は50議会（65％）、特に町村議会は58町村の72％に当たる42議会が何らかの取り組みや検討を進めており、住民自治の担い手確保への危機感を反映していると、指摘しています。

アンケートは２０１５年4月の前回統一地方選以降の対応を尋ねています。町村より人口が多く報酬も高い市議会でも19市のうち8議会（42％）がなり手不足対策に取り組んでおり、課題は町村から市レベルに広がりつつあります。具体的な取り組みも、議員による検討組織を設けたのは4市10町13村の27議会（35％）、議会改革と担い手不足問題を併せて議論している議会が多く、テーマは多岐にわたっています。

次に長野県内の過去4年間の市町村議員選挙の動向から住民の自治意識の変化、地域の自治力、住民の議会への関心度等についてみることにします。

表1～4は長野県住民と自治研究所の傘木宏夫氏が作成したものです。県内77市町村で２０１４年12月～２０１８年11月の4年間に行われた議員選挙で26市町村（34％）が無投票。町村議選に限ると、全58町村のうち無投票が23町村（40％）を占めており、このうち「定数割れ」は4村議選に上り、議員のなり手不足問題が深刻化していることを示しています。また、県内の市議選では極めて異例の3市（駒ケ根市、伊那市、中野市）で無投票となり手不足問題は市議会へと広がりつつあります。

表2　無投票市町村

	県内	市町村名	全国
市	3(15.7)	伊那、駒ケ根、中野	14(4.8)
町	6(26.1)	飯島、阿南、上松、木曽、池田、小布施	
村	17(48.6)	川上、南牧、中川、平谷、根羽、下條、売木、天龍、喬木、王滝、生坂、朝日、松川、小谷、高山、山ノ内、野沢温泉	89(9.6)

注：1　全国は平成27（2015）年統一地方選挙で選挙が実施された市町村議会議員選挙の中での数と割合（総務省資料）。
　2　統一地方選挙実施数（全国）＝市295、町村929。
　3　（　）内は全選挙区に対する割合。
出所：長野県住民と自治研究所（傘木宏夫作成）。

表3　定数1超で実施された市町村

	件数	市町村名
市	4(21.1)	諏訪、須坂、飯山、東御
町	9(39.1)	佐久穂、立科、長和、下諏訪、高森、南木曽、坂城、飯綱、信濃
村	14(40.0)	南相木、北相木、青木、箕輪、南箕輪、宮田、泰阜、豊丘、大鹿、大桑、麻績、山形、白馬、小川

注：(　) 内は全選挙区に対する割合。
出所：長野県住民と自治研究所（傘木宏夫作成）。

表2は、無投票市町村の内訳を記し、全国と比較したものです。とりわけ「平成の大合併」で自立を選択した下伊那地方の6村の無投票が目を引き、きわだっています。表3は、議会定数に対して1名のみのオーバーで選挙が実施された27市町村を記しています。これらは次の選挙での無投票「予備軍」といえるかもしれません。一方、表4の投票率をみると、市部平均58・8％、町部平均70・0％、村部平均76・3％となっています。全国

表4　投票率（％）

	県内	全国
市	58.8	48.6
町	70.0	63.3
村	76.3	—

注：全国は平成27（2015）年統一地方選挙で選挙が実施された市町村議会議員選挙の中での割合（総務省資料）。
出所：長野県住民と自治研究所（傘木宏夫作成）。

平均より高いとはいえ、20～30年前には9割前後の投票率が通常だったことを思うと、隔世の感があります。地方議会人には、議員のなり手不足問題の深刻さ、重大性をリアルに認識し、その背景と要因を実証的に分析しつつ、その根本的打開策を打ち出す努力が求められています。

(2) 2019年統一地方選挙の結果――事態はさらに悪化

2019年の統一地方選挙の結果から、議員のなり手不足問題がさらに深刻化している状況が浮き彫りとなりました。「住民自治の根幹」である地方議会の存在意義やあり方がきびしく問われているのです。マスコミは、低い投票率と無投票当選の増加を報道し論評しています。

5割を切る低い投票率

表5に示すように投票率は、軒並5割を切り、町村議選では初めて6割を下回るなど、低下傾向は止まりませんでした。有権者にとって最も身近な地方議会選挙に期待も関心ももたず、投票行動に参加しない有権者が残念ながら多数派になってしまいました。投票を通じて住民の代表者を選び、それによって議会を成立させるという民主制の基盤がぜい弱化している現実を危惧せざるを得ません。

全国的には議会基本条例の制定の広がりなど議会改革の一定の前進がある一方で、政務活動費の不正受給や議員のさまざまな不祥事が止まらず、地方議員への住民の信頼が高まっていないこと、また、

表5　2019年統一地方選挙の結果

	投票率（%）		無投票状況	
	今　回	前回比	選挙区	無投票当選者
都道府県議選	43.83	-7.20	371(39.3%)	612人(26.9%)
市議選	45.57	-3.05	11	182人
区議選	42.63	-0.18		
町村議選	59.70	-4.64	93(24.8%)	988人(23.3%)
市長選	47.50	-3.03		
区長選	44.12	0.10		
町村長選	65.23	-3.84		

注：(　) 内の割合は全選挙区、全当選者に対する比率。
出所：筆者作成。

議会と住民側との距離感の広がりがこうした事態の背景にあるように思います。特に人口減少、高齢化が急速に進んでいる中山間地域の町村では、住民の自治力（地域力）の低下により人材を育てきれない困難さをかかえていることも顕著となっています。

無投票当選者の増加

議員定数削減により当選ラインが上がり立候補しにくい状況も一部にありますが、道府県議選、市議選、町村議選のいずれも立候補者が減少しており、無投票当選者が増加したことが今回の統一地方選挙の特徴です。選挙戦となった町村でも、立候補者は定数を1人、2人上回る程度のところがほとんどで、今後何の対策も講じなければ、4年後の選挙で無投票となる予備軍と言えるかも知れません。

無投票となると選挙公報も配布されず、地域課題をめぐる政策論争もできません。有権者は、立候補者の主張や政策を判断し議員を選ぶ機会を失うことになります。また、無投票は立候補者の固定化による議会の多様性の減退により、議論の幅が狭まり合議制を十分生かし切れないことが心配です。さらに議員は選挙を通じての住民の評価から自覚と責任を再認識して議会活動に臨みます。しかし無投票となった場合、議会全体が8年間、有権者の信任を経ず「住民代表」としての役割を果すことになります。弊害もあるのではないでしょうか。

「住民に役立つ議会」の姿を示す

統一地方選挙の結果は、地方議会、住民自治をめぐるさまざまな問題を提起しました。地方議会人は、議会が今〝崖っぷち〟に立っているという危機意識を共有しながら、これからの任期4年の任務を遂行しなければなりません。こうした危機に対しては住民に「議会に関心をもちましょう」と呼びかけても効果はあまり期待できないでしょう。大事なことは、政策力を強化するなど地域社会と住民が直面している課題を解決し「住民に役立つ議会」の姿をはっきりと示すことです。それぞれの議会と議員の高い決意と実践力、突破力が問われます。

先進議会に謙虚に学ぶ

統一地方選挙の結果は、問題点ばかりではありませんでした。地方議会と地域がかかえるさまざまな問題を解決し前進している町村議会が現れました。わたしが注目したのは、北海道十勝郡浦幌町《うらほろちょう》議会と高知県大川村議会です。

浦幌町議会では、2019年の議員選挙には、定数11に対して、現職8人、新人6人の14人が立候補。8年ぶりの選挙となり、現職7人、新人4人が当選しました。当選した新人議員は20代1人、30代

2人、40代1人、議員の平均年齢は、選挙前の70歳から57・8歳と一気に10歳以上も若返っています。投票率は82・54％で8年前の2011年の投票率（85・00％）を2ポイント下回っていますが、全国平均よりかなり高い投票率となりました。

前回2015年の町議選では、議員定数を2人減の11人にしたにもかかわらず、立候補者が10人にとどまり欠員となった（全国4カ所の一つ）ことに危機感を抱いたことがスタートでした。町議会は任期4年間を「第2次活性化」期間と位置づけ、①地方議会の役割（議員定数・報酬）、②監視・評価機能の強化、③調査、研修、政策立案機能の充実、④議会組織、議会運営のあり方、⑤町民に身近な・開かれた・町民参加の議会――の5項目を視点として検討することを決定。このうち視点①において「議員のなり手不足」を位置づけ多角的に検証を行うことにしました。その後、町民アンケート調査、議会活性化講演会、議会報告会、「まちなかカフェＤＥ議会」、防災対策での政策提言など多様な取り組みを旺盛かつ創意的に展開し、住民の議会への期待と関心を高めました。議員提案による議員報酬の増額（議員17万5千円↓21万2千円）も全会一致で可決し今期から実施されています。

田村寛邦議長は、「議会改革にしてもなり手不足にしても議会・事務局が一丸となって取り組めば、町民も理解してくれる」、議事係長としてサポートしてきた中田進さんは「なり手不足解消と議会の活性化による魅力高揚に同時に取り組んできた結果である」と語っています。

浦幌町議会の皆さんの先進的な努力と前進に議会経験者として本当に頭が下がります。

大川村議会は、人口約400人で、村会議員のなり手不足に危機感を抱き、議会に代わる「住民総会」の活用をいったん検討したことで全国的に注目を浴びました。その後、同村は高知県の支援も受け、住民アンケートの実施や議会改革の先進事例などを参考に行政、議会が一体となりさまざまな議会維持の方策が検討されました。「大川村議会の維持に向けた方策について」（中間とりまとめ）大川村議会維持対策検討会議発行の報告書に詳しい検討結果が記されています。なり手不足対策として、議員の兼業規制を緩められないかと検討した結果、法律で定めている以上緩和はむずかしいことから、村と請負関係にあっても兼業規制に抵触しない村内の公益的法人を村長が毎年公表することにより、役員らが立候補しやすくしました。こうした創意的な取り組みが村民の議会への関心を高めたようです。今回の村議選は定数6に若者ら3人の新人を含む7人が立候補し、選挙戦となりました。これは、行政、議会がよく議論をしながら、打開策を住民に示すことができるなら、議会への住民の関心を喚起することの可能性を示唆しています。

われわれはこの2町村議会の取り組みに謙虚に学びながら新しい地方議会づくりとなり手不足問題の解決に全力を尽す必要があります。

(3) 総務省「町村議会のあり方研究会」報告書の検討

２０１８年3月20日、総務省が「議会のなり手不足等により特に町村の議会運営における課題が指摘されていることにかんがみ、小規模な地方公共団体における幅広い人材の確保、町村総会より弾力的な運用方策の有無その他の議会のあり方に係る事項などについて具体的に検討を行うため」設置した「町村議会のあり方に関する研究会」（座長・小田切徳美明治大学教授、以下「あり方研究会」という）は、報告書を野田聖子総務大臣（当時）に提出しました。

「あり方研究会」報告書の概要

「あり方研究会」報告書の特徴は、「持続可能な議会の実現」のために、「現行議会のあり方を維持できることを前提に、新たに『集中専門型』と『多数参画型』という二つの議会のあり方を条例で自由に選択可能としていることです。したがって小規模市町村においては、現行議会、集中専門型議会、多数参画型議会、から選択することを提起しています。

〈集中専門型のポイント〉

・少数の専業的議員による議会構成とし、豊富な活動を提案。生活給を保障する水準の十分な議員報酬を支給する。
・女性や若者など、多様な意見を反映させるとともに、住民が議会活動に関わる経験が得られる仕組みとして、（裁判員と同様に）有権者からくじやその他の作為が加わらない方法で選ばれる「議会参画員」制度を設ける。
・勤労者の立候補に係る休暇の取得等を理由とした使用者による不利益扱いを禁止する。
・公務員は、立候補によって職を失うこととなるため、公務員が立候補により退職した場合の復職制度を設ける。

〈多数参画型のポイント〉

・多数の非専業的議員による議会構成とし、夜間、休日を中心とする議会運営を行う。

・契約の締結などを議決事件から除外することなどによって、議員の仕事量・負担を軽減し、それに見合った副収入的水準の議員報酬を支給する。

・上記の議決事件の除外とあわせ、議員の請負禁止を緩和するとともに、他の地方公共団体の常勤の職員との兼職を可能とする。

・勤労者の立候補及び議員活動に係る休暇の取得等を理由とした使用者による不利益取り扱いを禁止する。

・各市町村の集落や小学校区を単位とした選挙区を設けて選出する。

具体化に向けては、「各市町村において『集中専門型』又は『多数参画型』を選択するに際しては、十分な住民の意見を聴いた上で判断する必要。二つの議会像を制度上実現可能とする場合には、より拡張性のある制度設計も視野に入れつつ、今後、現場も含めた各方面の声を聞きながら、ニーズを踏まえて具体化を図ることが適当」と、述べています。

この「あり方研究会」の提案を町村の議会議員や行政関係者は、どんな受け止めをしているでしょうか。これを契機に議会の今後のあり方の議論を深め、議会機能を低下させるのではなく、「住民自治の根幹」としての地方議会の充実・発展につながる具体的方策を確立したいものです。

全国議長会からきびしい意見

「あり方研究会」の報告書に対して、全国市議会議長会及び全国町村議会議長会からきびしい意見が提出されています。少し長くなりますが、地方議会人はじめ関係者の今後の議論の参考資料にもなりますので紹介します。

〈全国町村議会議長会の意見〉

① 研究会設置趣旨の「町村総会のより弾力的運用」について研究すべきである。

研究会では、議員のなり手不足を念頭において、「幅広い人材の確保、町村総会のより弾力的な運用方策の有無その他の議会のあり方に係る事項など」が検討されることになっている（設置趣旨）。高知県大川村など町村総会について研究しようとしている自治体があるにもかかわらず「町村総会のより弾力的な運用」についてはほとんど議論されていない。町村総会は問題があるものの、まずもって、現行制度の可能性を探るべきである。

② 現場からの声、自主的な取り組みを重視すべきである。

議会のあり方は、実際の地方議会におけるこれまでの自主的な取り組みにおける課題を踏まえた制度改革を行うことがまずもって重要である。

北海道浦幌町議会など議員のなり手不足の解消を真摯に考えている議会からの提言、要望（兼業禁止規定の緩和、補欠選挙の改正、公営選挙の拡大、手当の拡充、休暇・休職・復職制度など）を優先的に検討し、実現することをまずもって考えるべきである。

③　議会制度を検討する場合に、町村のみを対象とすること、及び人口によって差を設けることに反対する。

議会制度は、地方議会全体で議論すべき事柄である。例えば、身分規制（兼職、兼業）を緩和することについては、これまでも議論されてきているが、町村に限ったことではない。地方議会全体の問題として議論すべきである。

また、議会制度を小規模地方議会の能力論と結びつけて議論することなどはすべきではない。それは、議会改革に熱心に取り組んできた地方議会を否定することになる。

通常の地方議会が行っている権限（事務）の一部を行わない地方議会の類型を人口等の基準で作ることは、権限（事務）配分の特例を設けることになり、その事務処理のために配分されてきた地方交付税の額の算定にも影響を及ぼすことになる。これは、小規模地方議会の誇り高い自治を狭めることになり、容認できない。

④　議会制度の制度設計において、パッケージで類型した制度を考えることに反対する。

地方議会を取り巻く環境は、それぞれの地域によって異なるものであり、類型化できるものではない。類型化することは、地域の実情にあった地方議会のあり方を昨今の議会改革で模索してきた多くの地方議会の取り組みに水をさすことになる。

パッケージ論は、地方議会に対する「義務付け・枠付け」にほかならず、これまで政府が取り組んできた地方分権改革に逆行するものである。

地方議会の制度の改善は、パッケージではなく、個別事項ごとに検討したうえで、個別に自治体自身が選択できる選択肢を増やす形で導入すべきである。

そもそもパッケージは、その内容をなす項目が密接に連動して初めて検討に値するものであるが、例えば、「兼業禁止」と「契約案件の議決」はリンクしているように主張する向きもあるが、決してリンクして考えるべきものではない。そもそも兼業禁止の廃止ではなく、兼業禁止の緩和を検討すべきである。また、当該契約案件の議決において兼業議員の除斥など、他の方策によって解決することが可能であり、リンクして考えることは不適切である。また、契約、財産の取得・処分に関する議決は、首長との緊張関係には不可欠である。

パッケージ論は、住民自治の侵害であり、特に、議会という住民自治の根幹をなす制度について導入することは認められない。
⑤　議会の権限を低下させる制度改革（議決事件の限定など）に反対する。
二元代表制の下では、首長と議会の力関係のバランスが取れていなければならない。現在、首長が相対的に議会よりも強いと一般的に理解されている中で、議会の権限を低下させる制度改正（議決事件の限定など）に反対する。これまで、議会権限の拡充強化に取り組んできたところであり、それに逆行するものである。

議決事件の限定を行うことは、その限定する対象が、契約締結等の議決事件に関するものであれば、本来、純粋二元代表制をめざす自治体基本構造を創出するかどうかが議論されるべきであり、これは自治体全体に関わる問題である。その検討に当たっては、議会権限が縮小するのであるから、首長権限の制約をどのように行うか（専決処分の廃止等）が議論されなければ、首長と議会とのバランスを欠き、二元代表制が形骸化することになる。首長独裁とならない仕組みを検討することが不可欠である。

〈全国市議会議長会の意見〉

① 「集中専門型議会」について

（i） 議会と市町村長や「議会参画員」との距離が狭まり過ぎ、かえって自治の現場における合意形成が困難になる。

（ii） 専業議員を想定しながら、民間労働者を含めた当面の有為な人材の確保策も不明瞭で、生活に困らない年金生活者や資産家、自営業者などの少数議員によって議会が構成され、議会参画員の議事参加で補完するとはいえ、多様な民意を反映する議会とならない恐れを過小評価すべきでない。

（iii） 公務員の立候補、退職後の復職制度創設は、公務員の政治的中立から、慎重に検討すべきである。

② 「多数参画型議会」について

（i） 多数の兼業議員により議会活動が担われることにより、議員としての自覚が希薄化し、議会全体の機能低下を招かないか、懸念される。

(ii) なり手不足対策の観点から、議会権限を限定すれば、兼業禁止を撤廃してもよいと簡単に結論できるのか。さらに地方分権の潮流の中で、数次にわたり議会権限が拡充されてきたこれまでの政策に逆行するものであり、契約・財産に関する案件の除外と議員の請負禁止の撤廃をバーターするような発想は短絡的ではないか、と危惧している。

(iii) 議会の開催も夜間・休日が基本で、平日昼間は年間数日を想定していることも、市町村の行政が複雑化・専門化する中、限られた審議時間で適切な処理が可能なのか。また、兼業議員のためではなく、地域住民のために本当に意義のある現実的な開催方法なのか、先進議会の実態も踏まえて慎重な検討が必要である。

③ 今回提案された二つの議会類型は、いずれにせよ議会の議決権の限定と議員と請負禁止の撤廃に関する部分を除いて、基本的に現行法と条例によって多様な対応が可能なものである。これを立法によって議会権限の限定を含む規制の枠に押し込めるような方向は、地方分権改革の流れで議会の自主性・自律性を拡大してきたこれまでの政策と相容れない。

二つの全国組織の意見は、地方議会の現場からの疑問点をあげて慎重審議を求めており、現実的で説得力がある内容となっています。

報告書が提起した新たな方策で、今後立候補者が増え、町村議員のなり手不足問題は解決するでしょうか。「住民自治の根幹」である地方議会は発展するでしょうか。地方議会の存在意義と住民自治が問われています。

わたしは、30年ほど地方議会の現場に身を置き、２００9年から8年間議長として、住民に信頼される新しい地方議会づくりめざして、議会改革に取り組んできました。追認機関からの脱出、「チーム議会」としての政策力の向上、住民参加型の議会を柱に実践を積み重ね、一定の変化と前進がみえてきました。

この間、議会改革をテーマとする視察研修を多数の市町村議会から受け入れる中で、議員のなり手不足問題もたびたび議論となり、小規模議会の共通の悩みとなっていることを実感しています。

(4) 地方議会の弱体化を懸念

「あり方研究会」報告書の内容を地域社会と地方議会の現場に立脚して検討すると、総務省の官僚やこの研究会に参加している研究者たちは、地方自治法の一部改正も含め、手練手管でこの問題の解決策を見出そうとしているように思えます。果して、簡単に解決できる問題でしょうか。この間の飯綱町議会でのこの問題への取り組みの経験も踏まえ、わたし的に問題点を指摘したい。

①二元代表制を形骸化させ、首長の独裁化が心配

「集中専門型議会」は、少数の専業的議員で議会を構成、運営するとしています。議会は住民の代表機関です。仮に3～5人の議員で議会を構成するとしたら住民の代表制を担保できるでしょうか。多様な住民意思を反映した十分な議論が可能でしょうか。

議員は、地域、年齢、職業、性別などさまざまな分野、階層から選出されてこそ、合議体として機能でき住民意思を統合し、自治体の意思決定ができます。住民代表機関にふさわしく、かつ常任委員会制度も成り立つ議員定数を考えるべきです。「平成の大合併」の流れの中で、行財政改革の論理による議員定数削減が全国的に実行され、機能低下に陥っている議会も多々見受けられます。

「多数参画型議会」は、議決事案である契約・財産関連議案を議決対象外にしています。これは首長と議会との緊張関係を弱め、議会の監視、批判機能を低化させることにつながります。

飯綱町議会では、財産取得議案に対し、土地評価を簿価か実態価格で行うかが議論となり議員からの修正動議で、一般会計補正予算案から1億3700万円減額の修正案を可決した経験があります（2011年9月定例会）。裁判関連の契約議案で、裁判の見通しも含め町の代理人弁護士へ支払う607万円の着手金が妥当かどうかきびしい議論になったこともありました。契約議案は、議会の監視、批判機能の面からも決して軽視できない問題なのです。

今回の二つの新たな議会形態は、制度的にも実態的にも問題があり、議員の使命や職責をあいまいにすることで、二元代表制を形骸化させ、議会の追認機関化と首長独裁化につながることが懸念され

ます。

②議会としての責任ある審議は可能か

「多数参画型議会」は、夜間や休日に議会を開催することで、議会や議員の仕事量や権限を縮小する内容となっています。「集中専門型議会」では、民意を反映させるために「議会参画員制度」を新たに設け、条例案や予算案などを議員と議論するが採決権はないとしています。くじで選ばれ、採決権をもたない参画員が議会前に十分な準備をして責任を自覚した議論が果してできるのでしょうか。議員が議論を通じて、その役割を発揮するためには、行政に関する広い分野の学習、調査・研究、住民への聞き取り、議員同士の自由討議などが十分にできる時間的保障が不可欠です。しかも、最近の地方行政は複雑化、高度化、専門家しており、問題の本質、争点を明らかにできる広い視野での深い議論が求められています。

飯綱町議会では、議会改革を進める中で同一議案につき、同一議員の質疑を3回までとするという回数制限をなくし、議員が納得いくまでの質疑を議長許可で認めることで、議論を活発化させてきました。3月定例会（予算議会）に町長から提案される各種予算議案は、数十頁の説明資料が添付されており、それらを読み込んで質疑を準備します。本会議では1～2日の審議、付託された常任委員会では、2～3日の審査が行われます。9月定例会（決算議会）に提出される各種決算議案も同様、添付資料の「行政報告書」は約400頁。これらの議案と諸資料を読み込み、一年間の行政全般を把握、分析、評価しながら、問題点を整理し、質疑の準備に数日は要します。責任ある議論のためには、こうした一連の努力が欠かせません。片手間でできることではないのです。

③集権的発想で地方分権改革に逆行

政府（総務省）が新たに二つの議会形態を示し、地方自治体にパッケージとして選ばせる方法は、きわめて集権的発想で憲法が保障する「地方自治の本旨」である団体自治と住民自治の侵害にもなります。この間、地方自治法の改正により、地方議会の自由度を拡大し権能を強めてきました。議員定数の法的上限の撤廃・議決事件範囲の拡大（２０１１年）。通年議会制度の創設・臨時会の招集請求に対し長が招集しない場合の議長への議会招集権の付与・委員の選任等委員会に関する規定の条例への委任・専決処分の対象の見直しと不承認に対する長の対応（２０１２年）等です。こうした地方議会の権限の拡大を生かし、住民福祉の向上と新たな地域づくりのために、議会と議員活動の量と質の充実が求められている時、報告書の内容はこうした地方分権の流れに逆行しています。

兼業・兼職規程の見直しを法改正でやるなら、パッケージから切り離し、個別対応も可能です。地方議会から要望が出されている公営選挙の町村議会への拡充、休職・復職しやすい制度、町村議員の人権費（報酬）の交付税措置の増額なども求めたい。

④押し付けではなく、地方議会の自主的改革への支援こそ必要

政府（総務省）は、地方議会に対して、何をなすべきでしょうか。全国町村議会議長会の櫻井正人会長は「現行制度で苦労して頑張っている議会を応援すること、地方の現場の声をもう一度考えてほしい」と訴えています。北海道浦幌町議会は、２０１７年3月に「地方議会議員のなり手不足を解消するための環境整備を求める意見書」を全会一致で可決し、総務大臣ほか関係機関に提出しています。この中で、「あり方研究会」が示した課題のうち、国に対して法改正や制度改正が必要なものを10項目に整理しています。その後、総務省は浦幌町議会を訪れ、なり手不足解消に向けた取り組みや活性化策についてヒアリングを行いましたが、意見書で示した10項目についての検討はされなかったようです。飯綱町議会も総務省からヒアリングを受けました。政策サポーター制度に関心があったようです。

全国の市町村議会は、低い報酬などきびしい環境の中でも、議会基本条例制定議会の広がり（約８００県市町村議会）にみられるように、議会改革を前進させてきており、現在第2期実質改革期といわれています。新しい地方議会づくりの実践の成果と教訓も広がりつつあります。政府（総務省）は、こうした地方議会の自主的改革に目を向け、積極的支援こそ行うべきではないでしょうか。

長野県内の町村議会有志は、飯綱町議会の呼びかけで２０１６年から定期的に「町村議会改革シンポジウムin長野」を4回開催、毎回議員・事務局職員の２００人程の参加で、さまざまなテーマを設定し、意見交換をすすめてきました。「議員のなり手不足問題」は毎回テーマとなり、議論を深めています。学び合い、経験を交流し、また励まし合いながら連携して、この問題に立ち向かおうとしてい

ます。その後の県下町村議会の動向を見るに、その成果が少しずつ現われているように思います。このシンポジウムは２０２０年からは県町村議会議長会が引き継いで取り組むことになっています。

(5)　なり手不足の要因、社会的背景

議員のなり手不足問題の要因と社会的背景を分析すると、人口減少、高齢化、若者流出が急速に進む地域社会の変容、住民の価値感の多様化、自治意識の変化等もみえてきます。この地域社会の現実に立脚し、なり手不足問題の解決策を考え、実践する必要があります。

①最大の要因は議会と議員の魅力のなさ

議員のなり手不足問題の最大の要因は、議会と議員の日頃の活動が首長の追認機関となっていた期間が長く、議決機関としての独自の役割と責任ある行動が住民にはみえにくく、議会の存在感や議員の魅力を住民は実感できないでいることではないか、とわたしは考えています。

地方自治法には、議会の権能として次のような規定があります。

最も基本的かつ本質的なものとしての議決権（法第96条）、執行機関に関する監視・批判機能としての検査権や監査請求権（法第98条）、調査権（法第１００条）などを議会は有しており、行政全般に対する監視機能の発揮が期待されています。また、議事機関としての審議・議決、あるいは議案提出を

通じ、議会としての政策形成機能を担っており、議案提出権（法第１１２条第１項、法第１０９条第6項）、条例の制定・改廃（法第96条1項1号）、予算案の議決権（法第96条1項2号）などが付与されています。

しかし、各種メディアによる全国の地方議会アンケート結果からも明らかなように、これまで全国の少なくない市町村議会においては、これらの権能を積極的に活用した議会活動が不十分で、二元代表制の一翼を担いきれずにいます。地方議会人として大いに反省すべきではないでしょうか。それぞれの議会での自己分析と評価が求められます。そして住民に信頼される新しい地方議会をめざして、議会改革と議員の意識改革に真剣に取り組まなければなりません。

②問題の社会的背景を掘り下げる

さらに、住民自治と地域民主主義の充実の視点から、この問題の社会的背景を掘り下げる必要があります。地域社会は今、人口減少・高齢化、若者の都市への流出、地域産業の衰退、家族形態の変化、地域コミュニティー組織の機能低下など、新たな地域課題に直面しています。住民の自治意識の変化、価値観の多様化も明らかになってきました。こうした地域社会の状況や住民意識は、議員選挙を通して地方議会にも反映されます。以下、わたしの経験から特徴的な5点を指摘しておきます。

（ⅰ）地域住民の自治力（地域力）の低下傾向が顕著

中山間地域の市町村では、人口減少、高齢化による集落機能の維持・存続、農林地の荒廃対策等が共通の悩みとなっていますが、集落自治があってこそ住民自治は成り立ちます。一方、住民の生活スタイルや価値観は多様化し、自分の生活が精一杯で、行政・議会、地域社会への関心と参加意識は薄れつつあります。

こうした状況は、議員選挙にも反映しています。選挙の際、かつてのような地区（部落）推薦はなくなり、候補者探しも含め、選挙運動に参加する人は激減し、いわゆる「みこし作り」が困難で立候補をためらう人も出ています。全体として地域住民の自治力（地域力）の低下傾向が顕著になってきています。

（ii）社会教育活動の停滞や団体、組織の消滅・小規模化で、地域で人材を育成するシステムの弱体化

かつてどこの市町村にも、青年団、婦人会、商工会、農協青年部、同婦人部、各種サークル・グループなどが存在し、目的をもって活発な活動をしていた時期があり、その中で人材が育ち、農業委員や議員になる人が次々と現れてきました。しかし今日、これらの組織・団体の消滅や小規模化、高齢化などにより、人材を育成する地域の総合力が弱まっています。社会教育活動の分野でも政治学習や地域問題の学習の取り組みは、後退しているように思います。

（iii）地域（区・組）の住民要望を行政が計画的に実施するようになり、議員の果たす役割が相対的に低下

道路や上下水道などのインフラ整備や農業の基盤整備等が一段落し、行政に対する新たな住民要望

は集落代表である区長・組長を通じて、行政が毎年集約し、計画的に実施するしくみになってきています。そのため、地域住民が地域要求を実現するために議員を送り出す意欲が弱まっているのです。

(ⅳ)「平成の大合併」で町村が消滅し、自立した町村でも議員定数削減が進んだ結果、住民の身近に議員がいなくなり、住民と議員が行政や議会の問題を話題にして、意見交換する機会が減ってしまっています。

「平成の大合併」を契機に長野県下の町村議員数は町村の消滅と定数削減により、1525人(2003年)から658人(2013年)へと激減し、議員のいない地域が大きく広がってしまいました。吸収合併で役場組織や議会もなくなってしまっていることも考えると、住民自治の空洞化現象が広い地域でおきています。議員との懇談の機会もなくなって、行政や議会への関心が遠のくのは、ある意味で当然のことかもしれません。

③議員報酬の低さなど議員活動の環境の貧弱性

議員報酬は自治体の人口規模や財政状況に応じて差があります。都道府県・指定市議会で平均80万8255円、市・特別区議会で平均41万2488円、町村議会で平均21万4592円となっています(『朝日新聞』2019年2月22日付)。同じ地方議員でありながら町村議員報酬の低さがきわだっています。

政務活動費支給条例を制定している町村議会は、全国194町村(20・9%)、長野県内は8町村

（13・8％）と極めて低い状況です。これでは、特に子育て世代にとって生活給（報酬は生活給ではないが）とはほど遠く、仕事を辞めて議員になる決断はむずかしいといわざるを得ません。しかもこうした状況の抜本的改善がないまま長期間つづいています。

このように、今日の議員のなり手不足問題の背景には、複合的な要因があります。

(6) 住民とともに解決をめざす飯綱町議会

議員のなり手不足問題は、憲法、地方自治法の「地方自治の本旨」である住民自治、団体自治の存続にかかわる重大な問題であり、地域住民自身の問題でもあります。したがって、議会・行政・住民が協力し合って、解決していかなければなりません。

そこでこの問題の解決をめざして議会の条件を生かし創意的な取り組みを展開してきた飯綱町議会のこの間の経験を紹介します。

飯綱町議会では、議会改革の一つの柱である「住民参加型議会」を実現するために、「政策サポーター制度」「議会だよりモニター制度」を新設しました。すでにのべ230人の住民参加を得るなど、多様な方法での議会への住民参加を広げてきました。その中に議員のなり手不足問題解決を戦略的に位置づけました。

2013年12月に議長を除く議員14名で「議員定数・報酬等調査研究特別委員会」を設置し、2年余の議論を重ねた結果、「議員定数は現在の15名を維持」「議員報酬は増額を求める」との方針を確認しました。そして、「議員定数・報酬問題に関する飯綱町議会から町民の皆さまへの訴え」を発表し、「住民の皆さんのご意見を踏まえて、議会として責任をもって判断し、町長に意見を申しあげる」こととしました。そして、議員のなり手不足問題を解決するために共に行動することを町民の方々に呼びかけました。

訴えの主な内容は、目次的には次のとおりです。詳しくは町議会ウェブサイトを参照のこと。

【資料】

はじめに

・議員定数は、現状の15名を維持

・議員報酬は、増額

この2点は、議会の「特別委員会」の調査・研究の結論です。

1　地域社会の変化と深刻な議員のなり手不足問題

①議会と議員をとりまく町内状況の変化

②議員のなり手不足の要因、背景

③町民自身の問題、対策は急務

2　議会改革を実践、新しい議会づくりを進める

①1議案に対する議員の質疑3回までという制限をなくし、回数を自由とすることで議論の活発化を図りました。
②町長提案議案の否決、修正、不承認を6回経験。監視・批判機能を発揮し、二元代表制を実質的に機能させせてきました。
③「政策サポーター」制度を新設（全国初の試み）し、議会の政策提言活動を抜本的に強化しました。
④開かれた議会、議会だよりモニター制度の新設など議会への住民参加を広げました。

3 「住民自治」の根幹としての議会の役割

4 多様な人たちが議員として活躍できる町となるために

①飯綱町議会議員の活動状況と報酬の現状（全国的、全県的な資料を提示）
②報酬を考える要素
③議員定数の現状と負のスパイラル
（無投票→定数削減→無投票、低調な選挙→さらに定数削減、住民自治の後退と地域民主主義の弱体化となり、問題の本質的解決にならない）
④議員定数を考える要素

5 町民の皆さまから議会に寄せられている意見、要望への町議会の対応

おわりに

町民の方々との幅広い意見交換が大切です。皆さんの意見をふまえ、議会は町長に提案していきま

す。

議員定数・報酬問題意見交換会。江藤俊昭氏を講師に住民と議員の意見交換（2016年10月）

　その後、江藤俊昭教授（山梨学院大学）を講師に全町民対象の学習交流会の開催や、町内8カ所でこの問題をテーマにした「町民と議会との懇談会」を開催（2016年10月〜2017年）、約200人の町民の方々と意見交換を重ねました。町民からは「意欲ある人が議員になるために、青年枠、女性枠を設けられないか」「町民のために頑張ってくれるなら報酬の増額に賛成だ」「定数を減らして報酬を上げたらどうか」「合併前の両村には議員が合計36名いた。議員定数を増やしても良いのでは」「なり手不足解決のために、町内企業に協力してもらえないか」など、積極的、建設的な意見、提案が多く寄せられ、議会への否定的意見はほとんど聞かれませんでした。

　こうした町民との議論を整理し、議会として町長に報酬増額の要望書を提出。町長は、町の特別職報酬審議会を開催し議論を進めました。報酬審議会メンバーには、かつてのような町内の団体長の集まりではなく、元議会議員、政策サポーター経験者、元役場課長など議会活動を理解し評価できる人たちが選ばれ、議会の実態に基づく協議が行われました。委員からは、「議員活動にはかなりの個人差がある、報酬に差をつけられないか」「1名ぐらい定数削減できないか」等の意見も出されましたが、全体としてこれまでの議会改革の成果と前進面が評価され、議員報酬の増額、新たに政務活動費支給も提案されました。

2017年3月議会で条例改正され、議員報酬は16万円から17万4000円に。同年9月には月額1万円支給の「政務活動費支給条例」が新たに制定されました。こうしてわずかではありますが、議員活動に必要な環境整備が進みました。

2017年10月の町議会議員選挙では、「改革サポーター」「議会だよりモニター」経験者5人（女性2人、男性3人）が当選、各種メディアからも注目されました。

この一連の取り組みは、議会と議員の役割を住民に周知する機会ともなり、そのための条件整備を住民とともに考え、議論する良い機会ともなりました。

住民と議会との合意の前提には、長期にわたる住民に信頼される新しい地方議会をめざす議会改革の取り組みの成果と前進がありました。

(7) 地方議会に女性議員を増やす努力

議員のなり手不足問題の打開策の重要な一つは、地方議会に女性議員を増やすことです。地方議会における女性議員割合は、自治体の議会レベルや所属党派によって大きく異なりますが、現状（20

19年3月現在）は、特別区議会27・1％、都道府県議会10・1％、政令指定都市議会17・2％、市議会14・4％、町村議会9・9％、合計12・9％となっています。

２０１８年5月に制定された「政治分野における男女共同参画推進法」は強制力のない理念法ではありますが、国政に限らず地方自治体にも影響が及ぶことが期待されます。

２０１9年2月24日に「地域政策塾21」の主催による「女性の声を地方議会へ～女性議員を増やそう！　シンポジウム‼」を飯綱町で開催、県下から六十余名の参加がありました。

わたしの基調報告に続き、篠原公子（軽井沢町議会議員、元議長）、小林純子（安曇野市議会議員）、関悦子（小布施町議会議長）の3氏からとてもリアルな経験・事例報告を受け、活発な議論が展開されました。コメンテーターの江藤俊昭教授（山梨学院大学）千葉茂明氏（月刊『ガバナンス』編集長）から適切な助言をいただき、女性議員の果している役割や存在価値が鮮明となり今後の方向性もみえてきました。

軽井沢町議会では、２０１5年の選挙で5名となった女性議員が連携して、「障がい児福祉に関する提言書」（２０１6年9月）、「町立軽井沢病院の経営に関する提言書」（２０１8年12月）を町長に提出し、町行政も積極的に受け止めています。女性の視点からの提言として評価も高く、「生活に密着した女性ならではの細やかな感性が感じられる」との感想も聞かれた、との報告がありました。

意見交換のなかで、女性の議会進出は議会への多様な民意の反映を可能にし、特に子育て、教育、医療・介護、環境、防災などの分野へと議論の幅が広がっていくことが、確認できました。

女性議員が増えると、議会と地域住民はどう変わって行くのでしょうか。「議会が身近になった」「行政に興味がわき、意見が言えるので意欲が出る」「女性たちの議会への関心が深くなった」「女性は、声は小さくてもしつこく言ってくれる」（以上町民の声）、「女性議員が増えると女性の視点が政策につながる」「議会の習慣に疑問を投げかけてくれる」「女性ならではの問題提起がある」（以上議員の声）、「柔らかな雰囲気ができ、議会のイメージアップにつながる」「しがらみに捕われがちな男性と違って、女性は卒直な意見を述べるので社会変革の原動力になる」「議会への女性進出は女性が活躍できる社会の実現に良い影響を与える」（以上行政関係者の声）など住民をはじめ、議員、行政関係者から、女性議員の活動に対する高い評価と期待の声が聞かれ、今後女性議員を増やしていく活動への大きな確信となりました。江藤教授からは、地方議会の女性議員の比率を当面3割にする目標を明確にし取り組みを強化する提案がありました。このシンポジウムの詳しい内容については『月刊ガバナンス』2019年4月号、126〜129頁をごらんください。

この3割目標を達成するためにも、女性議員進出の強化策として次の点を強調しておきたい。

第一は、女性の立候補を促進するような地域の政治文化を醸成する必要があります。そのためにも地域社会の団体や組織（区、組、自治会、公民館、PTA、生産組織など）での男性中心の役員構成を改善し、女性を積極的に登用するなど地域民主主義の充実への改善が求められます。

第二は、現職の地方議員の頑張りが大事です。女性ならではの視点からの政策提言や条例提案に取り組むなど、女性議員の存在感と魅力を地域に発信することです。きびしい環境の中でややもすれば

2015 年から始まった「町民講座」の第 1 回講師は落合恵子氏

個々の議会の中で孤立する女性議員もおられるかもしれません。女性議員同士が、学び合い、励まし合い、連携できるゆるやかな組織が、都道府県単位、一定の地域単位に設置できたら、有効かと思います。

第三は、県・地域レベルで、女性議員候補を見つけ出し育てるための「女性議員養成組織」を設立し、多様な活動を展開することも効果があると思います。都道府県の町村議会議長会や市議会議長会が積極的イニシアチブを発揮すべきです。

(8) 住民自治の裾野を広げる

議員のなり手不足問題を長期的視野で考え解決するための方策を考える必要があります。そのためには、地域社会（市町村）の中に住民自治の裾野を広げていく多様で創意的な取り組みを持続的に展開することが重要です。自治への参加プロセスを通じて、当事者意

第１回の地域政策塾「あなたはこの町に住んで幸せですか」。講師は坂本誠氏（2018 年 1 月）

識をもった住民や各種グループを育てていく、これが地域の力となり、人材となり問題解決につながっていくと思います。

また、住民の「学び合い」や「意見交換会」を通じ、多様な意見を認め合える土壌のもとで、地域の将来展望を共有し合う場と機会を設けることも有効です。飯綱町では２０１２年に、区長・組長会、町行政、議会の３者共催による「分権時代に住民自治と町の発展をめざすシンポジウム」を開催しました。２０１４年からは、毎年8月に「町民講座」を町行政と議会の共催で開催し毎回１５０人～４００人の町民参加があります。

「地域政策塾21」の挑戦

わたしは２０１７年10月の議員引退後、町内の有志6人で11月に「地域政策塾21」（任意団体）を立ち上げ、「住民自治と地域づくり」をテーマに学習運動をはじめました。塾への参加のよびかけの中で、「地域社会は歴史的転換機にあり、地域民主主義や住民自治が空洞化する恐れもあり」「住民、行政関係者、議員等が学び合い、議論をおこし知恵と創意を発揮して、新たな地域政策づくりと実践の力となる、多数の人材が生まれることを念願する」と訴えました。すでに4回開催し町内外から多くの人に参加いただきました。

第一回、坂本誠氏（地方自治総合研究所客員研究員）の基調講演「あなたはこの町に住んで幸せですか――自立と支え合いの地域づくり」と3人の事例報告、参加者75人。

第二回、松藤保孝氏（関西学院大学教授）の基調講演「住民を幸せにする地域政策づくりとは――各地の事例と役に立つ条例にもふれて」と自由討議、参加者65人。

第三回、岡庭一雄氏（長野県前阿智村村長）の基調講演「学びと協同で自治を育てる――阿智村の『村をつくる住民の活動』に学ぶ」と質疑応答、自由討議、37人参加。

第四回「女性議員を増やそう！　シンポジウム」はすでに述べたとおりです。

参加者の発言を聞いていると、「地域の現状や将来像について積極的に発言する人もおられて、この人は議員にむいているな」との印象を受けた人も何人かいました。次の町議選（２０２１年10月）までに数人の議員のなり手をこの塾で養成したいと思っています。

おわりに

２０１９年4月の統一地方選挙の結果から、今日の地方議会が直面しているさまざまな問題が、各種メディアの報道もあり、浮かび上がってきました。根本問題は、住民に信頼され存在感のある地方議会をいかにして実現するかにあります。そのためにも地方議会改革を進め新しい地方議会をつくる努力、実践力が問われています。

この機に本書を出版することになり、地方議員の皆さんの今後の議会活動に少しでもお役に立てたらと思います。

本書の第1章は、『住民と自治』誌に２０１８年4月号から12回掲載した原稿に加筆し、新たに関係資料も掲載することにしました。第2章は、議会改革をさらに前進させ議会力・議員力を発揮するための方策を簡潔に問題提起として書いてみました。今後の議論の一つの〝たたき台〟にしていただけたらと思います。第3章は、議員のなり手不足問題について、総務省発表の「町村議会のあり方に関する研究会」報告書を批判的に検討しながら地方自治の現場の視点から、その打開策について、飯綱町の取り組みの経験もふまえ論じてみました。全国の地方議会から、さらに打開のための知恵や創意性のある実践が生まれることを期待しています。

２０１９年6月14日、地元の飯綱中学校の３年生90人を対象に、今年の中学生議会の一環とし「私の議員人生」について話をする機会がありました。講演資料の準備は、30年の議員活動をふり返るよい機会にもなりました。

旧牟礼村の村議時代（4期、3期までは政党所属、以降は無所属）は、保守的政治風土の強かった地域社会に住民自治と地域民主主義を充実させる戦いでした。議会の立場から監視と批判による行政の質の向上が大きなテーマでした。村長の公職選挙法違反問題、住民団体の県補助金不正受給問題、ゴミ処理施設建設をめぐる業者談合と組合長（一部事務組合）のかかわり、土木振興会裏金問題等の追及と改善にエネルギーをさきました。「平成の大合併」でもきびしい議論を余儀なくされました。こうした問題の議論は、住民や行政の利害関係もあり、味方も増えるが、敵もつくるという政治状況がしばらく続きました。合併後の飯綱町議（3期）時代は、三セクの経営破綻を契機に、議会改革に本格的に取り組み、地方議会の本来的機能発揮による新しい地方議会づくりへの前進の旗を振りつづけました。

地域における地方自治の歴史の流れの中に、一議員として身を置き、時には苦悩しながら、前へ前へと歩んで来たように思います。

本書の原稿執筆の過程で、畏友一木明弁護士（宇都宮市在住）からありがたい励ましと助言を得ました。一木氏とは大学入学時に出会い、お互い農家出身で社会変革と民主的法律家をめざすという共通の志がありました。学生運動と法律サークルでの研究（「民科法律学生部会」、当時は「公害の司法的な救済と無過失責任」を議論、庄司光・宮本憲一先生の『恐るべき公害』岩波新書、１９６４年をボロボロになるまで読みました）に没頭した4年間でした。当時の京都は、蜷川虎三民主府政の時代で府庁舎には「憲法を暮らしの中に生かそう」の懸垂幕がかかげられていました。卒業後、二人の進路は分かれましたが、以来50年、一木弁護士には私の良き師として付き合いをさせていただきました。

わたしも長い議員活動の中で、さまざまな問題に直面し窮地に立たされたこともありました。法律に関わる三セク裁判問題や町顧問弁護士の懲戒申し立て、旧牟札村時代の議長不信任問題など、常に一木氏に助言と指導を求めつつ議場では、事実と道理に基づく説得力のある主張に努めてきました。わたしにとって、一木弁護士は、最も頼りになる「知見の活用」でもありました。

一木弁護士は今、「栃木・今市市女児殺害事件」の主任弁護人として最高裁でのきびしい戦いに身を投じています。彼の努力がむくわれることを祈っています。

最後に、本書出版にあたって自治体研究社の寺山浩司氏に大変お世話になりました。わたしの稚拙な原稿を校正いただき感謝します。

２０１９年7月

寺島　渉

参考文献

江藤俊昭著『自治体議会学――議会改革の実践手法』ぎょうせい、2012年。

江藤俊昭著『議会改革の第2ステージ――信頼される議会づくりへ』ぎょうせい、2016年。

岡庭一雄・細山俊男・辻浩編『自治が育つ学びと協働　南信州・阿智村』自治体研究社、2018年。

加藤幸雄著『新・市町村議会の常識』自治体研究社、2012年。

岸井成格著『議員の品格』マイナビ新書、2016年。

榊原秀訓著『地方自治の危機と法――ポピュリズム・行政民間化・地方分権改革の脅威』自治体研究社、2016年。

自治体問題研究所編『ここから始まる地方議会改革』自治体研究社、2007年。

白藤博行著『地方自治法への招待』自治体研究社、2017年。

全国町村議会議長会編『議員必携　第11次改定新版』学陽書房、2019年。

廣瀬克哉著『「議員力」のススメ』ぎょうせい、2010年。

三浦まり編著『日本の女性議員』朝日新聞出版、2016年。

村上順・白藤博行・人見剛編『新基本法コンメンタール　地方自治法』日本評論社、2011年。

早稲田大学マニフェスト研究所議会改革調査部会編『あなたにもできる議会改革――改革ポイントと先進事例』第一法規、2014年。

[著者]

寺島　渉（てらしま・わたる）

1949年生まれ。立命館大学法学部を卒業後、37歳で郷里長野県旧牟礼村（現・飯綱町）の村議に、2009年から17年まで飯綱町議会の議長。2017年に第12回マニフェスト大賞グランプリ受賞。現在は、飯綱町で「地域政策塾21」を主宰。

地方議会改革の10年

2019年7月31日　　初版第1刷発行

著　者　寺島　渉

発行者　長平　弘

発行所　㈱自治体研究社
〒162-8512 東京都新宿区矢来町123　矢来ビル4F
TEL：03·3235·5941／FAX：03·3235·5933
http://www.jichiken.jp/
E-Mail：info@jichiken.jp

ISBN978-4-88037-698-1 C0031

印刷・製本／中央精版印刷株式会社
DTP／赤塚　修